Otto Schulthess

Der Prozess des C. Rabirius im Jahre 63 v. Chr

Otto Schulthess

Der Prozess des C. Rabirius im Jahre 63 v. Chr

ISBN/EAN: 9783744608237

Hergestellt in Europa, USA, Kanada, Australien, Japan

Cover: Foto ©ninafisch / pixelio.de

Weitere Bücher finden Sie auf **www.hansebooks.com**

Beilage zum Programm der thurgauischen Kantonsschule pro 1890/91.

DER

PROZESS DES C. RABIRIUS

vom Jahre 63 v. Chr.

Von

OTTO SCHULTHESS.

FRAUENFELD
J. Huber's Buchdruckerei
1891.

VORWORT.

Eine Arbeit sollte die Rechtfertigung ihrer Veröffentlichung in sich selber enthalten. Diese wäre im vorliegenden Falle offenbar geleistet, wenn es mir gelungen wäre, eine abschliessende Erklärung der ciceronianischen Rede *pro Rabirio*, die sich hinsichtlich der Schwierigkeit der Rechtsverhältnisse den Reden *pro Quinctio* und *pro Roscio comoedo* würdig an die Seite stellt, zu geben. Ob es sich aber wirklich lohnt, über ein seit mehr als einem halben Jahrhundert von Historikern, Philologen und Juristen oft und eingehend behandeltes Thema jetzt noch eine Arbeit zu publiziren, die keine eigentlich neuen Ergebnisse bietet, möge der Leser entscheiden.

Nicht unterlassen möchte ich es, hier eine Pflicht der Dankbarkeit zu erfüllen, die mir Herzenssache ist. Herrn Prof. Dr. Rud. Schöll in München, der mir im Sommer 1885 die Anregung zu dieser Untersuchung gab und damals im philologischen Seminar die einschlägigen juristischen, philologischen und historischen Fragen eingehend und lebhaft mit uns erörterte, spreche ich auch an dieser Stelle für die mir zu Teil gewordene Anregung und Förderung meinen tiefgefühlten Dank aus.

Frauenfeld, im März 1891.

Otto Schulthess.

LITTERATURVERZEICHNIS.

Brückner, C. F. A , Leben Ciceros. Bd. I. Göttingen 1852.
Brunnenmeister, E , Das Tötungsverbrechen im altrömischen Recht. Leipzig 1887.
Drumann, Wilh., Geschichte Roms. Bd. III (1837) S. 159 ff und Bd V (1841) S. 436.
Göttling, K. W., Die Volksversammlungen der römischen Republik, in Hermes oder Krit. Jahrbuch der Litteratur. Bd. XXVI (1826) S. 120.
Göttling, K. W., Geschichte der römischen Staatsverfassung von der Erbauung der Stadt bis zu C. Caesars Tode. Halle 1840.
Heitland, W. E., *M. Tulli Ciceronis pro C. Rabirio [perduellionis reo] oratio ad Quirites*. With Notes, Introduction and Appendices. Cambridge 1882.
Huschke, Ph. Ed., Der Perduellionsprozess des C. Rabirius, Beilage II zu: Die Multa und das Sacramentum. Leipzig 1874. S. 512—532.
Ihne, Wilh., Römische Geschichte. Bd. VI (1886) S. 230—234.
Karlowa, Otto, Römische Rechtsgeschichte. Bd. I. Leipzig 1885.
Lallier, R., Le procès de C. Rabirius. Le gouvernement et l'opposition démocratique au début du consulat de Cicéron, in: Revue historique. T. XII (1880) S. 257—278.
Landgraf, Gustav, Bursians Jahresberichte 1883, II Bd. XXXV S. 33—36 und 1890, II. Bd. IXL S. 197—199.
Lange, Ludwig, Römische Altertümer. Bd II² S. 563 (1879) und Bd. III² S. 240 ff (1876).
Lutherbacher, Franz, Jahresberichte des philologischen Vereins zu Berlin. IX (1883) S. 35—39.
Merguet, H., Lexikon zu den Reden des Cicero. 4 Bde. Jena 1873 ff.
Mérimée, Prosper, Études sur l'histoire romaine Paris 1853. S. 278-295.
Merivale, Charles, Geschichte der Römer unter dem Kaisertume. Bd. I S. 71 ff (der deutschen Uebersetzung. Leipzig, Dyk 1866).
Mommsen, Theodor, Römische Geschichte. Bd. III. 7. Auflage. Berlin 1882.
Mommsen, Theodor, Römisches Staatsrecht. Bd. I.—II, 2 in 3. Auflage, Bd. III, 1 und 2 in 1. Auflage. Leipzig 1887.
Müller, Iwan, Bursians Jahresberichte 1882, II. Bd. XXII S. 211 f.
Niebuhr, B. G., *M. Tullii Ciceronis orationum pro M. Fonteio et pro C. Rabirio fragmenta ... e membranis bibliothecae Vaticanae edita*. Rom 1820.
Orelli, Io. C., *Ciceronis orationes selectae*. Zürich 1836, S. 155 und *Onomast. Tull. s. v.* C. Rabirius. (=Pars II p. 506—509).
Peter, Karl, Geschichte Roms Bd. III³ S. 194—196.
Putsche, Hugo, Ueber das *genus iudicii* der Rede Ciceros *pro C. Rabirio „perduellionis reo"* ad Quirites. Inaug.-Dissert. Jena 1881.

Reiff, Heinrich Karl, Geschichte der römischen Bürgerkriege vom Anfange der Gracchischen Unruhen bis zur Alleinherrschaft des Augustus. Bd. II (1835) S. 275–282.
Rein, Wilhelm, Das Kriminalrecht der Römer von Romulus bis auf Justinianus. Leipzig 1844.
Rubino, Joseph, Untersuchungen über römische Verfassung und Geschichte. I. Teil. Ueber den Entwicklungsgang der römischen Verfassung bis zum Höhepunkt der Republik. I. Band. Kassel 1839.
Schmidt, Johann, Zu Ciceros Rede *pro C. Rabirio perduellionis reo* in: Zeitschrift für österreichische Gymnasien. Bd. XXXIX (1888) S. 211 f.
Schneider, A., Der Prozess des C. Rabirius betreffend verfassungswidrige Gewalttat. Festschrift. Zürich 1889.
Voigt, Moriz, Die XII Tafeln. Bd. II. Das Zivil- und Kriminalrecht der XII Tafeln. Leipzig 1883.
Wendelmuth, Richard, T. Labienus. Inaug.-Dissert. Marburg 1883.
Winz, Hans, Der Perduellionsprozess des C. Rabirius, in: Jahrbücher für klassische Philologie. Bd. CXIX (1879) S. 177–201.
Zumpt, A. W., Das Kriminalrecht der römischen Republik. 4 Bde. Berlin 1865–1869.
Zumpt, A. W., Der Kriminalprozess der römischen Republik. Leipzig 1871.

I.
Der Prozessgang nach der historischen Ueberlieferung.

Nach dem Tode Sullas (78 v. Chr.) hatte zwar die von ihm restaurirte Oligarchie die Herrschaft im römischen Staate, aber die Opposition war stark. Allerdings ging auch diese in viele Fraktionen auseinander und entbehrte eines wirklichen Parteihauptes. Unter der eigentlichen Opposition hatte die Revolutionszeit furchtbar aufgeräumt. Statt politisch und militärisch hervorragender Männer finden wir „Nullitäten", Leute wie M. und L. Lucullus. Bedeutendere Männer, wie Q. Metellus Pius (cos. 80) und Q. Lutatius Catulus (cos. 78), hatten sich mehr oder minder dem äusseren Feinde gegenüber bewährt, waren aber als Politiker sehr kurzsichtig. Weder bestimmt für noch gegen die sullanische Verfassung war der jetzt 28jährige Pompeius und ebenso wenig ein unbedingter Anhänger der Oligarchie der um wenige Jahre ältere Crassus. Der einzige namhafte Mann auf Seiten der Opposition war C. Cotta, ein tüchtiger Anwalt, der aber mehr eine achtbare Nebenrolle spielte. Die Blicke von Freund und Feind dagegen zog auf sich C. Julius Caesar, der durch seine Weigerung gegenüber Sullas Forderung, sich von Cornelia, der Tochter des Cinna, scheiden zu lassen, die ganze demokratische Partei auf seine Seite gezogen hatte. Da jedoch Caesar beim Tode Sullas erst 24 Jahre alt war (so MOMMSEN R. G. III⁵,16 Anm.*; nach andern erst 22 Jahre), so kam die Führerschaft der demokratischen Partei demjenigen zu, der sich gerade zum Vertreter der unterdrückten Volksfreiheit machte, M. Aemilius Lepidus. Im Jahre 78 zum Konsul gewählt, starb er schon im folgenden Jahre in Sardinien. Pompeius, der nach dem Tode des Lepidus die Leitung der Opposition übernommen hatte, begehrte nach der Besiegung des Sertorius, mit ihm aber auch Crassus wegen der Unterwerfung der Scharen des Spartacus, im Jahre 71 den Triumph. Beide unter sich Neider, beide *cum imperio* vor der Hauptstadt, söhnten sie sich auf Ermahnung des Volkes und der Augurn aus und wurden für das folgende Jahr als Konsuln gewählt. Nachdem Pompeius die sullanische Gesetzgebung wieder aufgehoben und im allgemeinen den Zustand vor dem Bürgerkrieg wiederhergestellt, besonders die tribunicische Gewalt im frühern Sinne wiedereingeführt hatte, nachdem er dem Senat die richterliche Gewalt abgenommen und denselben von ihm missbeliebigen Persönlichkeiten gesäubert hatte, erreichte er in kurzem eine Stellung, die eher der eines Herrschers als der eines gewöhnlichen Bürgers glich. Als ihm sodann durch den Antrag des Gabinius die militärische Diktatur für den Krieg gegen die Seeräuber und auf den Antrag des Manilius der Oberbefehl gegen Mithridates übertragen worden war, und er nach glänzenden Erfolgen, einem Alexander gleich, den Orient umgestaltet hatte, war sein Ruhm allbereits zu gross, als dass er sich desselben unbeneidet von Caesar und Crassus hätte freuen können. Oeffentlich zwar standen sie noch zu Pompeius, im Stillen aber waren sie schon untereinander gegen ihn verbunden, so dass ihnen Umsturzpläne, wie derjenige vom Jahre 66 und ganz besonders der von 63, gar nicht übel zusagten. Kraftlos, ohne Einigung und ohne Parteihaupt stand die Nobilität solchen Angriffen gegenüber. „Wie die Trossbuben über ein erobertes Lager, stürzte sich die populäre Meute auf die gesprengte Nobilität und wenigstens die Oberfläche der Politik ward von dieser Agitation zu hohen Schaumwellen emporgetrieben."[1] Die Zeit, wo Caesar seine Wirksamkeit entfalten konnte, war gekommen, und er schreckte vor keinem Mittel zurück, um die Herrschaft der Nobilität endgiltig zu Falle zu bringen.

Ein solcher Streich, der gegenüber der Herrschaft des Senates die Unverletzlichkeit der Volksrechte hervorheben sollte, wurde geführt in der komödienhaft in Szene gesetzten Anklage gegen C. Rabirius. Dieser Prozess bildet bloss ein einzelnes Glied in der langen Kette von Versuchen, die Optimaten und den Senat zu schwächen, um Macht und Ansehen zu bringen.

Der äussere Grund zur Anklage wurde gesucht in einem volle 36 Jahre zurückliegenden Ereignis. Als im Jahre 100 v. Chr. der Volkstribun L. Appuleius Saturninus, welcher dieses Amt für das folgende Jahr zum dritten Mal bekleiden wollte, seinen Gegenkandidaten C. Memmius hatte töten lassen, liessen sich die Konsuln vom Senate die unbeschränkte Vollmacht geben, gegen die Volkstribunen einzuschreiten. Sie erhielten das sogenannte *Senatus consultum ultimum*[2] und dadurch freie Hand, über die Stadt den Belagerungszustand zu verhängen und unter Umständen innerhalb der römischen Gemeinde Todesurteile zu vollziehen. Nachdem die Popularen in den Strassenkämpfen unterlegen waren, zogen sie sich auf das Kapitol zurück. Weil aber dort keine Hoffnung auf Rettung für sie war, da Marius ihnen das Wasser abgegraben hatte, waren sie gezwungen, sich auf Gnade und Ungnade zu ergeben. Sie wurden darauf

---

[1] Mommsen, Römische Geschichte III², 167, dessen Darstellung die ganze vorausgehende Partie entnommen ist.

[2] *Illud extremum atque ultimum senatus consultum* heisst es bei Caes. b. c. 1,5. Vgl. Mommsen, St. R. I, S. 690, A. 3. Der gewöhnliche Wortlaut war z. B. im Jahr 49 v. Chr.: *dent operam consules ..., ne quid res publica detrimenti capiat*, Caes. b. c. 1,5; Cic. ad fam. 16, 11, 2. Vgl. Mommsen a. a. O. S. 694 A. 6. Ueber das Wesen dieses „konsularisch-senatorischen Kriegsstandsrechts" handelt eingehend Mommsen a. a. O. III, 2, S. 1240—1251. — Vgl. auch Heitland, Appendix A, S. 83—88 seiner Ausgabe von Ciceros Rede.

nach der Curia Hostilia gebracht. Die Wut ihrer Feinde aber war so gross, dass einige auf das Dach hinaufkletterten und Ziegel auf sie hinunterwarfen. Hierbei wurden Saturninus und ein gewisser Q. Labienus erschlagen. Unter denen, die solche Tötungsversuche gemacht hatten, war auch C. Rabirius und zwar soll gerade er den Saturninus erschlagen haben.

Wegen dieser Tötung des noch im Amte stehenden Volkstribunen Saturninus wurde Rabirius im Jahre 63 auf Betreiben Caesars angeklagt von dem bekannten späteren Legaten Caesars, T. Labienus,[1] der in diesem Jahre Volkstribun war. Vertheidigt wurde er von Hortensius und Cicero, dessen Rede unter dem Titel *pro C. Rabirio perduellionis reo ad Quirites oratio* uns erhalten ist.

Wir sind in der glücklichen Lage, das, was uns die Rede bietet, zu ergänzen aus der Zeitgeschichte, wie sie von andern Autoren uns überliefert ist, ohne dass wir im Stande wären, deren Quellen zu bestimmen. In Betracht kommt besonders die ausführliche Darstellung des Dio Cassius 37, 26—28, sowie Sueton. Caes. 12. Erleichtert wird jedoch das Verständnis der Rede nicht wesentlich durch diese Berichte; sondern es erwächst uns die Aufgabe, dieselben mit der Rede in Einklang zu bringen, besonders das Stadium des Prozesses zu bestimmen, in welchem Cicero seine Rede gehalten hat.

Das Verbrechen der Ermordung des Saturninus lag vor. Auf Rabirius ruhte der Verdacht. Eine Verjährung kannte das römische Kriminalrecht der Republik nicht.[2] Die Frage war also nur die, in welcher Weise gegen den greisen Senator Rabirius vorgegangen werden sollte.

Das Verbrechen als *perduellio* zu fassen, entsprach der römischen Anschauung durchaus.[3] Uns fällt es allerdings beim ersten Blick auf, dass die Ermordung des

---

[1] Immer noch wird T. Labienus als T. *Atius* (oder *Attius*) *Labienus* bezeichnet, während doch Wendlmuth S. 4—6 bewiesen hat, dass der Name *Atius* für ihn gar nicht bezeugt ist, und dass die sog. *lex Atia de sacerdotiis* vom J. 63 unter diesem Titel in den antiken Quellen nicht erscheint Er nennt sie daher S. 10 ff. *lex Labiena* und dem entsprechend Mommsen, St. R. II, 1, S. 39 das „labienische Plebiscit."

[2] Vgl. Zumpt, Kriminalprozess S. 437 f.

[3] Einige Worte über den Begriff der *perduellio* dürften nicht ganz überflüssig sein, zumal da der neueste Bearbeiter der vorliegenden Frage, Schneider, S. 7 wenigstens beiläufig das Verbrechen des Rabirius bezeichnete als *perduellio* „und zwar in der Anwendung, dass der Angeklagte einen römischen Bürger ohne Richterspruch getötet habe, *caedes civis indemnati*." Diese letztere Anklage ragt allerdings in das Gebiet der Perduellion hinüber, kann jedoch bloss gegen einen Magistrat erhoben worden sein, der eine Tötung „anders als auf dem ihm vorgeschriebenen Weg Rechtens herbeiführte." So Bruxxenmeister, Tötungsverbrechen S. 214, den Schneider S. 47 Anm. 25 nicht für sich anführen durfte. Vgl. auch Rein, S. 195, wo auseinandergesetzt ist, dass zur Perduellion auch diejenige Art von Tötung gehört, „welche ohne die rechtmässige Strafgewalt und Gerichtsform im Namen des Staates vollzogen wurde, die *caedes civis indemnati*."

Volkstribunen Saturninus als „Hochverrat"[1] aufgefasst wurde. Man muss aber bedenken, dass das römische Recht „ein Schwanken der Verbrechens- wie der Strafkategorien" zeigt,[2] dass „die strafbaren Handlungen sich gruppenweise an irgend ein Hauptverbrechen anschliessen, nach dessen Namen sie bezeichnet und nach dessen Analogie sie bestraft werden."[3] Man braucht sich nicht zu verwundern, dass ein Vergreifen an der Person des Tribunen mit Perduellion belangt wurde, da Angriffe auf die sacrosancte Person des Volkstribunen, entsprechend dem historischen Werden dieser Magistratur, von jeher äusserst streng, mit dem Tode, bestraft wurden. „In besserer Zeit hat die Demokratie wohl jedes Vergreifen an dem Volkstribunat als todeswürdiges Verbrechen behandelt, aber nicht das teuerste Recht der Gemeinde, die Provokation, darum geopfert, und anerkanntes Recht ist dieser Uebergriff selbstverständlich niemals geworden."[4] „In späterer Zeit der Republik hielt sich der Volkstribun befugt, jeder Verletzung seiner Person durch Hinrichtung des Frevlers zu begegnen und zwar, nach den Urkunden, ohne vorhergehende gerichtliche Konstatirung des Tatbestandes und mit Suspendirung oder Unzulässigkeit der Provokation."[5]

Hüten muss man sich vor der Verwechselung des Tatbestandes von *parricidium* und *perduellio*, einer Verwechselung, die bis in die neueste Zeit hinein vorkam, so „dass sie ein geradezu steinernes Alter erreichte."[6] „*Parricidium* und *perduellio* sind zwei durchaus selbständige und der Hauptsache nach gegen einander scharf abgegrenzte Verbrechen. Das erstere hat zum Objekt das Leben des Bürgers, es wird also zunächst gegen einen Privaten verübt, während das zweite unmittelbar gegen den Staat gerichtet ist."[7] Diesen Charakter hat die Perduellion trotz der Ausdehnung, welche dieses Judicium im Verlaufe der Republik erfuhr, nie verleugnet, sondern sie blieb immer auf einen bestimmten Kreis von Verbrechen beschränkt: „es sind diejenigen, welche

---

[1] Ueber die ursprüngliche Bedeutung von *perduellio* und *perduellis* und die allmälige Entwicklung des Begriffes vgl. die zahlreichen Belegstellen bei Voigt, XII Tafeln, Bd. II S. 788 Anm. 1.

[2] Mommsen, St. R. II, 1, S. 304 Anm. 4, der zeigt, dass vielfach eine strenge Scheidung der Verbrechen nicht möglich ist und der Unterschied nicht mit juristischer Schärfe definirt werden kann. Charakteristisch ist, dass nach Cic. pro Caec. 1, 1 die Kontravention gegen den Volkstribunen mehr als *maiestas*, diejenige gegen einen andern Magistraten mehr als *vis* definirt wird.

[3] Rubino, S. 154.

[4] Mommsen, St. R. II, 1, S. 305. Dies auf die Spitze getriebene Notwehrrecht der Tribunen, hervorgegangen aus einer ursprünglich beschränkten Koerzition, fand in schroffster Weise seinen Ausdruck in einem Gesetze, das bei Cic. pro Tull. 47 steht: *legem antiquam de legibus sacratis, quae iubeat impune occidi eum qui tribunum plebis pulsaverit*. Mehr bei Mommsen, St. R. II, 1, S. 298 Anm. 1.

[5] Mommsen a. a. O., S. 304.

[6] Brunnenmeister, Tötungsverbrechen S. 210.

[7] Brunnenmeister, S. 214.

betreten, war aber auch die tribunicische Perduellion bereits am Veralten, so brauchte
es keine grossen Bedenken, um zu dem uralten duumviralen Perduellionsverfahren[1] mit seinem ganzen Apparat von Formeln und Henker zu greifen. Dies
Verfahren bot dem Kläger die für ihn besonders wichtige Garantie, dass eine Unterbrechung oder Vereitelung der Verhandlungen auf dem Wege tribunicischer Intercession
zum voraus ausgeschlossen war. Welche vielfachen Erwägungen auch sonst noch
Caesar bewogen haben mögen, gerade dieses unseres Wissens nur zwei Mal im ganzen
Verlauf der römischen Geschichte zur Anwendung gekommene Verfahren zu wählen,
wird im Abschnitt III „Ueber die politische Bedeutung des Prozesses" erörtert werden.

Die Anwendung dieses damals völlig veralteten Verfahrens, dessen Erneuerung
als ein Anachronismus im höchsten Grade bezeichnet werden muss, setzt voraus das
Volksgericht durch die Centuriatkomitien. Nur ein Magistrat durfte klagen, und zwar
mussten besondere **Duovirn für Perduellion**[2] als ausserordentliche Ankläger bestellt
werden. Wurde der Angeklagte durch diese verurteilt, so konnte er ans Volk provo-
ziren. Die Provokation ans Volk ist also die notwendige Folge der Verurteilung durch
die Duumvirn und bildet die Brücke von der Judikation des Magistrates zur Beurteilung
des Falles durch die Komitien. Sprachen die Duumvirn den Angeklagten frei,[3] so
war die ganze Sache aus der Welt geschafft.

[1] Paradigmatischer Fall die Horatierlegende, besonders in der schönen Darstellung des *Livius* 1, 26. Litteraturverzeichnis zur *causa Horatiana* bei BRUNNENMEISTER a. a. O. S. 210 Anm. 3.

[2] Dass die gewöhnlich gebrauchte Bezeichnung *duoviri perduellionis* nicht quellenmässig ist, sondern dass diese Duovirn nach Analogie anderer Bezeichnungen und nach den Umschreibungen des Titels bei *Liv.* 1, 26; 6, 30 den offiziellen Titel „*duoviri perduellioni iudicandae*" geführt haben werden, bemerkt MOMMSEN, St. R. II, 1, S. 617 Anm. 4.

[3] Früher meinte man unrichtigerweise, die Duumvirn hätten bloss kondemniren können. Allerdings finden wir diese Auffassung bei *Liv.* 1, 26, wo die Worte der Formel *duoviri perduellionem
iudicent* so verstanden werden, als hätten die Duumvirn nur kondemniren können: *duoviri .... se
absolvere non velantur ea lege ne innoxium quidem posse*. Ebenso behauptet, in Verkennung des
wirklichen Tatbestandes, *Cic. pro Rab.* 4, 12: *hic popularis* (sc. *Labienus*) *a duumviris iniussu vestro
nam iudicari de cive Romano, sed indicta causa circm Romanum capitis condemnari coegit*. Die
Unrichtigkeit dieser allerdings quellenmässig erschlossenen Behauptung, der seit RUBINO (S. 487) noch
manche spätere gefolgt sind, hat zuerst MOMMSEN bekämpft in seiner Besprechung von RUBINOS Untersuchungen (Jenaer Litt. Ztg. 1841, S. 249), später auch ZUMPT, Kriminalrecht I, 1 (1865), S. 96 f. und
S. 420 Anm. 57 und 58, HUSCHKE S. 188 Anm. 118, und WINZ S. 188 Anm. 8. Vgl. auch KARLOWA,
Der römische Civilprozess zur Zeit der Legisactionen S. 63 f. — Aber bei allemdem bleibt doch
bestehen, was MOMMSEN schon 1844 sagte, dass man wenigstens in späterer Zeit (*Liv.* und *Cic.*) das
Gesetz so verstand, als könnten die Duumvirn nicht freisprechen. Diese Unsicherheit der Interpretation ist ein Beweis, wie sehr das ganze Verfahren veraltet war. Dass übrigens die ganze An-
schuldigung, die *Cicero* gegen Caesar erhebt, grundlos ist, geht schon aus dem Tadel hervor, den
der Redner gegen ihn wegen seines parteiischen Standpunktes erhebt. So bemerkt mit Recht
MOMMSEN, St. R. II, 1, S. 617 Anm. 5, der auch beifügt, dass die Formel *duoviri perduellionem iudicent*
offenbar weiter nichts zu besagen habe als im Civilprozess die solennen Worte *si paret, condemnato,
si non paret, absolvito*.

Im vorliegenden Fall wurden als Duumvirn gewählt C. Caesar und L. Caesar, der im Jahre 64 Konsul gewesen war.[1] Gewählt hatte sie, wir wissen nicht aus was für Leuten und auch nicht durch was für ein Wahlverfahren, nach der ausführlichen Darlegung des Dio der στρατηγός, d. h. der *praetor*. Wahrscheinlich ist es der *praetor urbanus*, welcher als der älteste und vermöge seiner Tätigkeit im städtischen Prozess eine Art bevorzugter Stellung einnahm, der die Duumvirn bestellte.[2] Die beiden Gewählten losten untereinander, welcher von ihnen überhaupt als Ankläger und vorläufiger Richter in Funktion zu treten habe.[3] Das Los traf den C. Caesar. Auf

[1] Die Frage, ob zur Bestellung der Duumvirn im vorliegenden Falle ein Plebiscit notwendig gewesen sei oder nicht, ist erörtert im Anhang I: „Die Bestellung der Duumvirn für Perduellion."
[2] Mehr als die Wahrscheinlichkeit dieser Behauptung dürfen wir nicht aussprechen. So auch Mommsen, St. R. II, 1, S. 617 Anm. 1. Dies gegen Voigt, XII Tafeln II S. 830, der behauptet, Rabirius sei angeklagt worden „beim *praetor* und zwar ohne Zweifel beim *praetor urbanus* L. *Valerius Flaccus*."
[3] Die für uns auffallende Erscheinung, dass zwei gewählt werden, aber bloss einer fungirt, findet ihre Erklärung in dem uralten römischen Kollegialitätsprinzip, das ja dem Römer so sehr in Fleisch und Blut übergegangen war, dass auch zur Weihung eines Tempels Duovirn gewählt wurden, von denen zum voraus bloss einer bestimmt war, die Weihung vorzunehmen. Vgl. Heitland, S. 8 Anm. 4, und über die *duo viri aedi dedicandae* Mommsen, St. R. II, 1, S. 622. Vgl. auch Mommsen, St. R. II, 1, S. 664 über die „Duovirn mit prokonsularischer Gewalt" und I, 42 Anm. 5. Karlowa, Röm. Rechtsgesch. I, S. 58; bezweifelt, „dass bei diesem Urteilen das kollegialische Zusammenwirken ausgeschlossen gewesen sei." Die Worte der *l.c: duumciri perduellionem iudicent* und die Ernennungsformel: *duumviros, qui perduellionem iudicent, facio* beweisen m. E. nicht, „dass beide zum Zweck des *iudicare* ernannt wurden, aber nur einer das Urteil verkündete". Dafür spricht allerdings der Wortlaut bei *Liv.* 1, 26: *hac lege duumviri creati — — cum condemnassent, tum alter ex his „P. Horati, tibi perduellionem iudico" inquit*. Jedoch müsste die Kooperation beim Urteilfällen auch beim Verkünden des Urteils zum Ausdruck kommen in einem *iudicamus*. Ferner spricht gegen Karlowa auch die Analogie der *quaestores parricidii*, bei denen kollegiales Zusammenwirken durchaus ausgeschlossen ist. Ich schliesse mich also Mommsen, St. R. II, 1, S. 618 Anm. 1 an in der Erklärung der angeführten Worte des *Livius*. Dazu kommt noch, dass *Sueton* bloss den C. Caesar als Duumvir nennt. Mag das auch darauf beruhen, dass dieser ihn mehr interessirte, so möchte ich doch die Worte *sorte iudex in reum ductus tam cupide condemnavit, ut ad populum provocanti nihil neque ac iudicii acerbitas profuerit* auf die Losung der Duumvirn um die Judikation beziehen. Mommsen, S. 618, Anm. 1, gibt die Möglichkeit dieser Auffassung zu, bezieht aber selber S. 617 Anm. 2 die Worte auf das Auslosen der Duovirn durch den Praetor. Dass die Duovirn durch Loswahl bestimmt worden seien, bezweifle ich. Der Anwalt des Beklagten würde kaum unterlassen haben, darauf hinzuweisen, wie geschickt das Los im vorliegenden Falle gerade C. und L. Caesar getroffen habe.

Auf die andere Frage, die Karlowa S. 57, Anm. 2 aufwirft, nach dem Alter des Kollegialitätsprinzips, trete ich nicht ein. Doch will mir scheinen, dass der monarchische Grundsatz, jede einzelne amtliche Verrichtung einem einzelnen Beamten oder Beauftragten zu übertragen (Mommsen, St. R. I, 1, S. 27 u. Anm. 2), gerade infolge der Verschmelzung der drei Gemeinden der Titienser, Ramner und Lucerer zur staatlichen Einheit wol öfter kann durchbrochen worden sein, als Mommsen a. a. O. S. 28 zugeben möchte. Ob aber gerade bei den Duumvirn für Perduellion das Prinzip der Unteil-

Freisprechung durfte Rabirius nicht mehr hoffen. Nach der Darstellung des *Sueton* entschied er mit solcher Leidenschaftlichkeit gegen Rabirius, dass gerade dadurch am allermeisten die nachherige Freisprechung des Rabirius durch das Volk veranlasst worden sei. Sonst aber hat *Sueton* von dem ganzen komplizirten Prozessgang keine rechte Vorstellung, während der Bericht des *Dio* ausführlich und erschöpfend ist.

Natürlich legte Rabirius gegen den Spruch Caesars Provokation beim Volke ein. Es folgte nun die Provokationsverhandlung in den Komitien. Dio erzählt, dass Gefahr vorhanden gewesen sei, Rabirius möchte verurteilt werden. Da habe der amtende Praetor Q. Metellus Celer im Einverständnis mit dem Konsul Cicero der Versammlung ein plötzliches Ende gemacht, indem er die rote Fahne auf dem Janiculum einzog, noch bevor die Abstimmung abgeschlossen war. Durch diesen Gewaltakt wurde die Versammlung aufgehoben.[1] Der Kläger hätte eine neue Klage anheben können, denn durch die Störung im vierten Termin war das Verfahren aufgehoben; jedoch stand er nach Dio von einer weiteren Verfolgung des Beklagten ab.

Inwiefern findet nun das, was Dio und Sueton einstimmig berichten, Bestätigung durch die Rede Ciceros? Es ist ja klar, dass jede Betrachtung über den Prozess des Rabirius von der Rede Ciceros ausgehen muss, denn in ihr „haben wir ein Aktenstück aus der Streitsache selbst vor uns, wogegen jeder Bericht Späterer zurücktreten muss."[2] Dieser kleinen Rede, die zudem noch am Schluss verstümmelt ist, hat man, wie es scheint, früher nicht gerade grosse Beachtung geschenkt. Bis auf Niebuhr hat niemand daran gezweifelt, dass dieselbe die von Cicero im Verlaufe des Perduellionsprozesses für Rabirius gehaltene Verteidigungsrede sei, wie der Titel besagt. Niebuhr hingegen, der im Jahre 1820 aus einem vatikanischen Palimpsest den Schluss der Rede, §§ 32—38 herausgab, bemerkte S. 69 f. knapp und scharf, dass wegen der in § 8 genannten *multae irrogatio*, wegen des *iudicium sublatum* § 10, schliesslich, weil im neu gefundenen Schluss der Redner nicht gegen *carcer* und *crux*, die Strafen der Perduellion, sondern gegen *exilium* perorire, die Rede nicht in einem Perduellionsprozess gehalten sein könne. Glauben dürfen wir das erst, wenn wir zu dieser Annahme gedrängt werden; denn wir kommen damit in Widerspruch mit der Darstellung des Dio, eines sonst sorgfältigen Schriftstellers.[3]

barkeit des Imperiums geopfert worden sei, möchte ich bezweifeln. Alles, der Name *ciri*, der uns bei Gehülfen der Magistrate nie begegnet, die Zweizahl, die bei Geschworen nicht vorkommt, spricht zu sehr für den magistratlichen Charakter dieses Duovirats, als dass die dem Kollegialitätsprinzip früher fremde Kooperation gerade hier hätte zur Geltung kommen können.

[1] Ueber das *ccrillum russi coloris*, dessen Bedeutung besonders *Dio* 37, 28 schildert, vgl. *Appendix I*, S. 118 f. bei Herzland; ferner besonders Mommsen, St. R. III, 1, S. 387 mit Anm. 4.
[2] Rubino, S. 313 Anm. 1.
[3] Ich stehe in dieser Hinsicht auf dem Standpunkt, den Niebuhr S. 69 ausspricht: ... *minime in eum qui de huius scriptoris, prudentia et diligentia viri, fide detrahere nolcam; sed hac quidem in re eum errasse ... ex hac ipsa oratione perspicue intelligitur.*

Die späteren Gelehrten, welche über die Rede Ciceros sich aussprechen mussten, sind meistens wieder zur früheren Ansicht zurückgekehrt, dass dieselbe wirklich in einem Perduellionsprozess gehalten sei.[1] Einen geschickten und gründlichen Verteidiger fand die Ansicht von NIEBUHR in E. HUSCHKE, der in seinem Buche „Die Multa und das Sacramentum" in einem Anhang (S. 512—532) ausführlich über das genus iudicii der Rabiriana handelt. Seine Beweisführung wurde mit grossem Fleiss bekämpft von HANS WIRZ in den Jahrbb. f. kl. Phil. Bd. 119 (1879) S. 177—201, der zur Lösung der Frage auf die Annahme von RUBINO zurückgriff, die wenig beachtet worden war: nach der Störung des ersten, duumviralen Perduellionsverfahrens habe Labienus eine tribunicische Perduellionsklage gegen Rabirius angehoben. Bald nach WIRZ traten für die Ansicht von HUSCHKE ein HGO PETSCH. Ueber das *genus iudicii* der Rede Ciceros *pro C. Rabirio „perduellionis reo" ad Quirites* (Dissert. v. Jena 1881), und W. E. HEITLAND in seiner Spezialausgabe dieser Rede (Cambridge 1882), beide, ohne die Abhandlung von WIRZ zu kennen und ohne zwingendere Beweisgründe als HUSCHKE vorzubringen.[2] Aus neuester Zeit kommt dazu die Festschrift der staatswissenschaftlichen Fakultät der Universität Zürich für B. WINDSCHEID von A. SCHNEIDER, Der Prozess des C. Rabirius betreffend verfassungswidrige Gewalttat. (Zürich 1889), worin in sehr selbständiger, eigenartiger Weise eine Lösung der zahlreichen schwierigen Fragen versucht wird.[3]

Bei wiederholter Betrachtung der Rede und der so vielfach von einander abweichenden Behandlungen derselben konnte ich mich dem Eindrucke nicht verschliessen, dass einerseits HUSCHKE einer Anzahl weniger bedeutender Punkte zu viel Beweiskraft beigemessen habe, anderseits aber seine Hauptargumente von WIRZ und zum Teil auch von SCHNEIDER zu wenig respektirt worden seien. Ich will nun im Folgenden in der Weise vorgehen, dass ich zunächst die Gründe, die nach HUSCHKE gegen das Perduellionsverfahren sprechen, anführe mit fortwährender Kritik ihrer Beweiskraft und im Anschluss daran die nicht gerade wesentlichen Modifikationen seiner Ansicht durch PETSCH erwähne, um sodann die Gegengründe von WIRZ und SCHNEIDER zu würdigen.[4] Hierbei bemerke

---

[1] Die nicht gerade schöne, aber jetzt öfter gebrauchte Bezeichnung „vorniebuhrisch" finde ich zuerst bei IWAN MÜLLER, Bursians Jahresberichte XXII S. 241.

[2] Besonders HEITLAND steht ganz auf dem Standpunkt von HUSCHKE, dessen Resultate er fast ruckhaltlos anerkennt. Vgl. S. 39: *I have now only to acknowledge with gratitude my debt to Professor Huschke, to whom I owe so much of the help necessary in treating of this very difficult subject.*

[3] Dass ich den meisten Aufstellungen von SCHNEIDER nicht zu folgen vermag, habe ich vorläufig summarisch begründet in der Wochenschrift für klass. Philologie. 1890 Nr. 47, Sp. 1283—1295.

[4] Einige schwierigere Punkte, deren Erörterung den Gang der Untersuchung mehr hemmen als fördern würde, wie die Frage nach der Bestellung der Duovirn für Perduellion, die Frage nach der „unerschwinglichen Mult", sowie diejenige nach der Stellung der Volkstribune zu den Auspizien, werden im „Anhang" erörtert.

ich, um Missverständnissen vorzubeugen, zum voraus, dass ich durchaus nicht den Anspruch erhebe, alle die zahlreichen Schwierigkeiten, die sich in staats-, straf- und prozessrechtlicher, sowie rein philologischer Beziehung erheben, mit einem Schlage zu beseitigen. Es handelt sich für mich nur darum, die Schwächen und Lücken in den Argumentationen meiner Vorgänger aufzuzeigen, um eine möglichst vorurteilsfreie Nachprüfung der bisherigen Lösungsversuche,[1] wie schon die Ueberschriften der folgenden Kapitel zeigen.

II.
Die Verteidigungsrede Ciceros.

1. Die Ansicht von HUSCHKE (NIEBUHR).

HUSCHKE sagt:[2] Die Berichte des Dio und Sueton melden die Verurteilung des Rabirius durch die Duumvirn, aber die Errettung desselben in der Provokationsverhandlung vor dem Volke. Hierauf geht sowohl der Titel der vorliegenden Rede als auch die eigene Angabe von Cicero (in Pison. 2,4), dass er den Rabirius in einem Perduellionsprozess verteidigt habe. Wollten wir annehmen, dass die erhaltene Rede die damals gegen das crimen perduellionis gesprochene sei, so ergäben sich nach HUSCHKE dagegen folgende Widersprüche:[3]

1) Cicero teilt seine Verteidigung in zwei Teile ein, von denen der erste gerichtet ist gegen die kleineren Beschuldigungen (§§ 7—8), der zweite (illa altera pars § 9) gegen die nex Saturnini. Diese ganze Verteidigung aber geht auf einen und denselben Prozess, und zwar auf einen Multprozess (in eadem multae irrogatione § 8), nicht

---

[1] Dass ich mich hierbei im allgemeinen auf die im Vorhergehenden genannten Autoren beschränke, hat seinen Grund darin, dass sie den Standpunkt am ausführlichsten vertreten. Durchgängig die Behauptungen von DRUMANN, RUPP, ORELLI, MERIMÉE u. a. anzuführen, bloss um sie zu widerlegen, durfte ich um so eher unterlassen, als dies in ausführlicher Weise PETSCHE besorgt hat, und auch noch SCHNEIDER ihre Aufstellungen meist kurz und treffend widerlegt hat.

[2] Dieselbe Ansicht vertreten BAUMANN, Leben Ciceros I, S. 210. ff., LANGE, Röm. Alt. II[3], S. 563 und III[2], S. 240 ff., GÖTTLING, Hermes XXVI (1826), S. 126 Anm.**, MOMMSEN, St. R. II[3], 1, S. 298 Anm. 3, und WINKELMUTH, S.9, freilich sämtliche, ohne dieselbe eingehender zu motivieren. Ueber PETSCHE und HEITLAND vgl. oben S. 15.

[3] Ich folge der übersichtlichen Gruppierung von HUSCHKES Argumenten durch WIRZ S. 179 f.

auf eine Klage *perduellionis*. Ueber dieses Hauptargument für das Multverfahren habe ich mich unten zu verbreiten.

2) Daher spricht die *peroratio* nicht von den grausamen Strafen der alten Perduellion, sondern nur von „Infamie und Exil, der gewöhnlichen Wirkung bedeutender, die Stelle von Kapitalklagen vertretender Multprozesse."

Dass eine unerschwingliche Mult zu Infamie und Exil habe führen können, glaube ich im „Anhang II" wahrscheinlich gemacht zu haben. Trotzdem muss ich dieses Argument für nicht völlig beweiskräftig erklären, denn es ist gar nicht undenkbar, dass gerade durch Ciceros Bemühen die Strafen gemildert worden waren. Das Argument stützt sich auf § 10: *nam de perduellionis iudicio, quod a me sublatum esse criminari soles, meum est crimen, non Rabiri*. Diese Worte, welche zwar von den früheren Bearbeitern dieser Rede auch berücksichtigt werden mussten, sind erst durch Schneider (S. 33 ff.) eingehender beleuchtet worden. Sie werden daher richtigerweise bei Besprechung seiner Ansicht behandelt werden. Hier sei nur soviel bemerkt, dass das Aufheben oder Beseitigen des *perduellionis iudicium* durch Cicero bezogen werden könnte auf den Gewaltakt des Metellus Celer, das Herabreissen des *vexillum* auf dem Janiculum, wo demnach Cicero, was auch sonst wahrscheinlich ist, im Einverständnis mit Metellus Celer gehandelt hätte. Das ergäbe nun freilich ein Argument für das Multverfahren, denn jener Akt wäre bereits abgespielt, also das Perduellionsverfahren beseitigt. Doch begegnet diese Deutung grossen Bedenken." Es setzte doch eine grosse Siegesgewissheit, zu der er allem Anscheine nach wenig Grund hatte, auf Seiten Ciceros voraus, wenn er sich in dieser versteckten Form als intellektuellen Urheber einer Tat rühmen würde, die doch an sich nichts anderes als ein Gewaltstreich war. Zweifelhaft ist diese Deutung auch deshalb, weil Dio von einem *sublatum iudicium* nichts weiss, und weil das überhaupt ein debuabarer Begriff ist. Der Ausdruck lässt ganz wohl die Deutung zu, dass im Verlauf der Verhandlungen und der zum Teil gewiss hitzigen Debatten über die Bestellung der Duumvirn gerade auf Betreiben Ciceros das alte Perduellionsverfahren mit seiner grausamen Prozedur beseitigt wurde, dass also nicht sofort nach der Verurteilung der Henker in Aktion trat, sondern, dass es dem Angeklagten gestattet war, ins Exil zu gehen. Es ist ja wohl möglich, dass, wie Heitland[1] annimmt, Caesar in dieser Hinsicht gerne Konzessionen machte, um desto eher den Hauptzweck, dass überhaupt Duumvirn ernannt wurden, zu erreichen. Geht aber das *sublatum perduellionis iudicium* auf eine „Beseitigung des Duumviralverfahrens", worunter m. E. ganz wohl bloss ein Aufheben der Besonderheiten dieses Verfahrens verstanden werden kann, so beweist die Tatsache, dass die *peroratio* bloss von Infamie und Exil spricht, nichts für das Multverfahren.

[1] S. 32 Anm 11.

3) Nach Huschke beweisen die Worte am Anfang von § 10 und § 17, sowie die dazwischen liegenden Ausführungen, dass auf Ciceros Betreiben der Perduellionsprozess schon damals beseitigt war. — Auch diesem Argument ist keine grosse Beweiskraft beizulegen. Weder beweisen die soeben unter 2) erörterten Worte des § 10 noch die Art, wie Cicero § 17 sich ausdrückt, noch auch die Apostrophirung des Labienus in der Mittelpartie, dass wirklich das ganze Verfahren aufgehoben worden sei. Sie beweisen alle bloss, dass das gestrenge königliche Verfahren, wie Labienus es hatte durchführen wollen, beseitigt worden ist.[1]

4) Gegenüber dem Einwand von Orelli,[2] dass diese ganze Partie lächerlich wäre, wenn es sich nicht um *perduellio* handeln würde, wird von Huschke bemerkt, dass diese Ausführungen zu betrachten seien als eine Abschweifung, die zu dem zweiten Teile der Verteidigung überführe. Vergl. § 9: *illam alteram partem de nece Saturnini nimis exiguam atque angustam esse voluisti* und § 18: *nunc de Saturnini crimine ac de clarissimi patrui tui morte dicemus*. — Als vollgültiges Beweismittel für den Multprozess darf selbstverständlich diese Partie nicht geltend gemacht werden; aber immerhin darf daraus, dass Cicero sich über das *sublatum iudicium* nicht eingehender auslässt, auch kein Argument gegen die Multklage gezogen werden. Soviel ich sehe, ist das auch von keiner Seite mehr geschehen.

5) Huschke behauptet, die Erwähnung der *rostra* in § 25 beweise, dass Cicero auf dem Forum spreche. Ist dieser Schluss richtig, so hält er seine Rede vor den Tributkomitien, vor welchen die Multklage verhandelt wurde, während dem die Perduellionsklage vor die ausserhalb des *pomerium*, meist auf dem *campus Martius*, versammelten Centuriatkomitien gehört.

Dieses Argument wäre, wenn richtig, von grossem Gewicht, ist aber, wie ich, in Uebereinstimmung mit Heitland[3] und Schneider,[4] gefunden habe, unrichtig.[5] Der Wortlaut der Stelle, in der Cicero zu Labienus sagt: wenn du gewusst hättest, wie es dem Sex. Titius erging, der das Bild des Saturninus bloss zu Hause besass, *numquam profecto istam imaginem ... in rostra atque in contionem attulisses* berechtigt gar nicht zu dem Schluss, den Huschke daraus gezogen hat, dass das gerade in der Versammlung stattgefunden habe, in der Cicero seine erhaltene Verteidigungsrede hielt. Labienus hatte in seiner Stellung als Volkstribun auch sonst Gelegenheit bei

---

[1] Die drei ersten Argumente von Huschke führen näher aus, was schon Nitzsch in aller Kürze angedeutet hatte. Vgl. ob. S. 14. Die folgenden Argumente hat Huschke neu beigebracht.
[2] Cic. oratt. sel. S. 155.
[3] S. 37 Anm. 4.
[4] S. 28.
[5] Es sind also in diesem Sinne die Ausführungen von Bucksek S. 213 Anm. 2, Wirz S. 180 und Petschke S. 20 f. zu korrigiren.

den der eigentlichen Klagverhandlung vorausgehenden drei Anquisitionsterminen, um Stimmung zu machen, das Bild des Saturninus mitzunehmen. Hätte Cicero die Gleichzeitigkeit des Mitbringens des Bildes mit der Versammlung, in welcher seine Rede gehalten ist, bezeichnen wollen, so hätte er jedenfalls gesagt *in hanc contionem*. Der Anfang des § 25: *Itaque mihi mirum videtur, unde hanc tu, Labiene, imaginem, quam habes, inveneris* beweist auch nichts, denn mit diesen Worten ist nicht sowohl das Bild, das du bei dir hast", als vielmehr überhaupt „das Bild, das du besitzest", also zu Hause hast, das bekannte (*hanc*) Bild, das du schon in einer frühern *contio* vorgezeigt hast, bezeichnet.

6) Bedeutungsvoll ist ganz besonders der Umstand,[1] dass in der ganzen Rede der Volkstribun Labienus als Ankläger erscheint. Das ist nicht vereinbar mit dem alten Perduellionsverfahren; denn hiebei gilt als leitender Grundsatz, dass der *inquisitor* zugleich auch die Sache durchzufechten hat gegen den *reus*. Läge das alte, königliche Perduellionsverfahren vor, so müsste der Duumvir C. Caesar als Ankläger erscheinen[2]; dieser aber wird in der Rede nicht einmal genannt, wie denn überhaupt die Duumvirn nur einmal (§ 12) beiläufig vom Redner genannt werden und zwar nicht als Gegner des Rabirius. Dass dagegen Labienus der Ankläger war, zeigen die Stellen[3] deutlich, wo Cicero sich darüber beklagt, dass Labienus ihm bloss eine halbe Stunde Zeit eingeräumt habe, innerhalb welcher er sprechen dürfe. Dazu war selbstverständlich der Tribun von sich aus nicht ermächtigt, wenn er nicht zugleich Vorsitzender des Gerichtes war. Dieser Vorsitz des Volkstribunen ist nicht vereinbar mit dem Perduellionsverfahren nach alter Weise,[4] aber ebensowenig mit dem gegen Rabirius durchgeführten. Es waren doch, was noch niemand bezweifelt hat, Duumvirn ernannt worden, und diese mussten irgend etwas zu tun gehabt haben.[5]

[1] Schon Rtsixo S. 313 Anm. 1 hat denselben gebührend hervorgehoben. Vgl. auch die gründlichen Auseinandersetzungen von Pischke S. 21 ff.
[2] Dies ergibt sich mit Notwendigkeit aus *Livius* 1, 26 [und vielleicht auch aus 6, 20; trotz Pischke S. 22 Anm. 37]. Vgl. auch Mommsen, St. R. II, 1 S. 618.
[3] Vgl. § 6: *nunc quoniam, T. Labiene, diligentiae meae temporis angustiis obstitisti meque ex comparato et constituto spatio defensionis in semihorae curriculum* [al. *circulum*] *coëgisti*. Vgl. ausserdem §§ 9, 17, 38. Die neuestens von J. C. G. Boot, Mnemosyne n. s. XVIII, 1 vorgeschlagene Aenderung § 6 *angustias dixisti* ist als unnötig abzuweisen.
[4] Das gibt auch Wirz. S. 183 ausdrücklich zu.
[5] Vgl. auch Heitland S. 38, 7. Ueber diese Schwierigkeit, die unbedingt vorliegt und nicht in die Rede „hineininterpretirt" wird, scheinen mir Franz Lutterbacher, Jahresberichte d. philol. Vereins zu Berlin IX (1883) S. 38, und Gustav Landgraf, Bursians Jahresber. XXXV (1883, II) S. 35, der sich der Konstruktion von Lutterbacher rückhaltlos anschliesst, denn doch etwas zu leicht hinwegzukommen.

Die haltlose Annahme von Zumpt, C. R. I, 2 S. 395 f., dass Cicero die Rede später herausgegeben und mit Rücksicht auf Caesars gesteigerten Einfluss die Erwähnung seiner Tätigkeit als Duumvir absichtlich unterdrückt habe, ist von Pischke S. 22 abgefertigt worden.

7) Als Argument mehr innerer Natur führt HUSCHKE an, dass Cicero denn doch seine Vertheidigung etwas sonderbar disponirt hätte, wenn er nicht, falls es sich wirklich um *perduellio* handelte, von dem Abnormen und Ungeheuerlichen des Verfahrens ausgegangen wäre, um am Schluss zu demselben zurückzukehren. — Dies Argument möchte ich deswegen nicht stark betonen, weil ja leicht dagegen eingewendet werden kann, dass schon früher für Cicero wiederholt Gelegenheit vorhanden war, dies hervorzuheben. Denn dass die Bestellung der Duumvirn nur möglich war auf Grund einer *lex*, dass also Labienus eine *rogatio* an die Komitien einbringen musste, damit das uralte Verfahren bewilligt werde, glaube ich im „Anhang I" gezeigt zu haben. Dadurch bot sich aber Cicero Gelegenheit genug, gegen das ungeheuerliche, grausame Verfahren in den Debatten vor dem Volke zu protestiren.

Kann nun auch nach dieser Uebersicht nicht allen Argumenten von HUSCHKE dieselbe Beweiskraft zugestanden werden, so muss doch zugegeben werden, dass der erste Punkt, dass Cicero § 9 spricht von *illa altera pars* (sc. *defensionis meae*), und der sechste, dass Labienus und nicht einer der Duumvirn als Ankläger erscheint, ganz entschieden gegen die Möglichkeit eines Perduellionsprozesses spricht. Wer diese doch vertritt, muss jene beiden Schwierigkeiten erklären oder beseitigen; wer das nicht kann, muss annehmen, Labienus habe nachträglich gegen Rabirius eine Multklage erhoben und gegen diese sei die Vertheidigung Ciceros gerichtet. Zu dieser Annahme, welche die bezeichneten Schwierigkeiten ohne weiteres hebt, werden wir aber, wie erst später gezeigt werden kann, durch den Ausdruck *in eadem multae irrogatione* (§ 8) geführt.

Nehmen wir einmal vorläufig an, die Auffassung von HUSCHKE sei erwiesen, so erhalten wir ausser dem Perduellionsprozess, von dem uns Dio und Sueton berichten, und der sich in zwei Stadien abspielte: 1) der Verurteilung des Rabirius durch den Duumvir C. Caesar, 2) der durch das Vorgehen des Q. Metellus Celer verhinderten Provokationsverhandlung vor den Centuriatkomitien. 3) einen neuen Prozess. und zwar einen tribunicischen Multprozess, in welchem der Volkstribun Labienus als von Caesar vorgeschobener Strohmann die Anklage führt. Der Tribun, der hiebei vom Senat formell unabhängig war, irrogirte dem Beklagten eine so hohe Mult, dass er materiell dasselbe erreichte, was er mit der Klage auf Perduellion beabsichtigt hatte, Infamie, Exil und Konfiskation des Vermögens. Allerdings weiss *Dio* 37, 28 von einer solchen Fortsetzung des Prozesses nichts; aber es schliessen, wie am Schlusse dieses Kapitels gezeigt werden wird, seine Worte ἐξῆν μὲν γὰρ τῷ Λαβιήνῳ καὶ αὖθις δικάσασθαι, οὐ μέντοι καὶ ἐπείγησεν αὐτό das Anheben einer andern als der Perduellionsklage, also eines ganz neuen Prozesses, nicht unbedingt aus.

Es erübrigt noch die Modifikationen, die HUGO PETSCHE an den Ausführungen HUSCHKES, denen er Schritt für Schritt folgt, anzubringen versucht hat, kurz zu erwähnen.[1] Ausführlicher als dieser widerlegt er die Vorgänger,[2] so z. B. DRUMANN (S. 11 f.) und ORELLI (S. 12) bezüglich ihrer Auffassung der Worte *perduellionis iudicium sublatum* (§ 10). Er selber kehrt nach sorgsamer Erwägung (S. 9—18) zur Ansicht von ZUMPT zurück, der ich mich unten auch anschliessen werde, dass der Ausdruck sich beziehe „auf die erfolgreiche Bekämpfung derjenigen Punkte in Labienus' Rogation, welche sich auf die Anwendung des *carnifex*, der *vincla*, *flagella* und *crux* nebst den alten, Grausen erregenden Formeln bezogen" (S. 18). Wie jedoch bei dieser Interpretation PUTSCHE einen Beweisgrund für die Mult- und gegen die Perduellionsklage geltend macht, oder vielmehr, wie er dieses Argument erhält, wird mir aus seinen Ausführungen (S. 19) nicht klar. Dass diese Aufhebung des Perduellionsverfahrens etwas mit dem vorliegenden Prozess Unvereinbares sei, zeigt ja allerdings die Art, wie der Redner sich ausdrückt (besonders das *nam!*) deutlich genug. Da aber von einer völligen Beseitigung des Perduellionsverfahrens nicht die Rede ist, so beweist die Stelle bloss, was ja auch sonst nicht mehr bezweifelt wird, dass die Rede nicht in einem duumviralen Perduellionsprozess gehalten sein kann. Warum sollte Cicero, wenn er mit grosser Mühe in einem früheren Stadium des Prozesses die Anwendung des alten königlichen Verfahrens zu Falle gebracht hatte, sich dessen nicht in einem tribunicischen Perduellionsverfahren rühmen können? Es ist also zu wiederholen, was schon oben S. 17 bemerkt wurde, dass der Anfang des § 10 ein stichhaltiges, zwingendes Argument für den Multprozess nicht ergibt. Damit soll nicht geleugnet werden, dass diese Worte dann ganz besonders zur Geltung kommen, wenn von Perduellion überhaupt nicht die Rede ist.

Auf die Worte *indicta causa* (§ 12), die bei WIRZ nicht gehörig gewürdigt werden, geht PUTSCHE S. 26 ein. Seine Erklärung wird bei Besprechung der Ansicht von SCHNEIDER Berücksichtigung finden.

Dass er die Ansicht von HUSCHKE hinsichtlich der Beweiskraft der *peroratio* für die Mult wohl mit Recht dahin modifizirt, „dass die *peroratio*, wenn auch nicht für sich allein den gegenteiligen Ansichten gegenüber als ein direkter Beweis für die Annahme eines Multprozesses als *genus iudicii* der Rede geltend gemacht, so doch sehr wohl für dieselbe verwertet werden kann", wird im folgenden Abschnitt zu erörtern sein.

---

[1] Ziemlich eingehend wurde seine Arbeit besprochen von LUTERBACHER, a. a. O. S. 35—39, und von LANDGRAF, a. a. O. S. 34—35.
[2] Eine Widerlegung einer Behauptung von ZUMPT ist schon erwähnt oben S. 19, Anm. 5.

2. Die Ansicht von WIRZ (RUBINO).

Im Gegensatz zu HUSCHKE kehrt HANS WIRZ[1] zu der von RUBINO[2] vertretenen Ansicht zurück, die sich ihm „in zwingender Weise aus der Auslegung der Quellen herausstellt",[3] dass sich auf Betreiben Ciceros nach der Schuldigsprechung des Rabirius durch die Duumvirn der Senat ins Mittel legte: „er hob die verfassungswidrig zustande gekommene Prozedur auf und verhinderte so auch die Provokationsverhandlung vor dem Volke."[4] Dadurch sei der Volkstribun Labienus, der beim duumviralen Verfahren unmöglich die Rolle des Anklägers hätte spielen können, auf das mildere tribunicische Perduellionsverfahren verwiesen worden, das nun auf Kapitalstrafe abzielte, Exil, Infamie und Konfiskation. Da habe Cicero in einem der drei Anquisitionstermine, also in einer *contio*, die erhaltene Rede gesprochen, im Schlusstermin aber sei Rabirius durch das von Dio geschilderte Vorgehen des Metellus gerettet worden.

Wer Ciceros Rede als Verteidigung für einen *perduellionis reus* auffasst, wird in erster Linie als äusserlichen Beweis den Titel derselben geltend machen: *pro C. Rabirio perduellionis reo ad Quirites oratio*, wie anderseits derjenige, der dies nicht anerkennt, diesen Titel zu erklären hat. Ueber diese Schwierigkeit kommt HUSCHKE S. 526, wie PETSCHE S. 31 mit Recht hervorhebt, etwas zu leicht hinweg, wenn er neben der Annahme, dass diese Ueberschrift von den „Abschreibern" gebildet sei, auch die Möglichkeit zugibt, dass dieselbe von Cicero selbst herrühre und daraus zu erklären sei, „dass auch er bei dem ganzen Falle mehr auf den pikanteren Anfang und das Materielle als auf die untergeordnete neue Phase sah, die der Prozess nun formell angenommen hatte." Haben wir wirklich eine Multklage, so repräsentirt sich dieselbe als „eine völlig selbständige, dem *perduellionis genus* durchaus ebenbürtige Gattung."[5] Ebensowenig beweiskräftig ist das andere Argument von HUSCHKE, dass es nach der juristischen Praxis der Zeit dem Labienus immer noch freigestanden habe, obwohl er die Multklage bereits anhängig gemacht habe, zur strengeren Form der Perduellion zurückzukehren.[6] Der Titel der Rede ist damit nicht gerechtfertigt; denn es wäre kein Hindernis dagewesen, warum nicht Cicero, falls er wirklich selber in der Ueberschrift eine Beziehung auf die Klageform angeben wollte, die *multae irrogatio* hätte erwähnen sollen.

Man kommt über diese Schwierigkeit nicht anders hinweg, als indem man annimmt,

---

[1] Jahrbücher f. klass. Phil. Bd. 119 (1879) S. 177—201.
[2] Untersuchungen I S. 312 ff.
[3] WIRZ, a. a. O. S. 181.
[4] WIRZ, a. a. O. S. 200.
[5] PETSCHE, S. 32.
[6] Gegen dieses Argument sind die Bemerkungen von PETSCHE, S. 32—34 gerichtet.

dass die Worte *perduellionis reo* nachträglich in den Titel eingesetzt worden seien.[1] Diese Annahme ist um so leichter zu rechtfertigen, als wir die Quelle dafür nachweisen können. In der Rede *in Pison.* § 4 zählt Cicero mit gewaltigem Pathos die Grosstaten seines Konsulats auf und sagt hiebei: *ego in C. Rabirio perduellionis reo XL annis ante me consulem interpositam senatus auctoritatem sustinui contra invidiam atque defendi.* Darin sind alle einig, dass aus dieser Stelle dafür, dass unsere Rede in einem Perduellionsprozess gehalten sei, kein Argument gezogen werden darf, da ja Cicero hier „sein gesamtes politisches Handeln in der Sache"[2] schildert. Da nennt er a potiori mit Recht den Rabirius einen *perduellionis reus*; denn das war es, was die Aufmerksamkeit seiner Hörer weckte und sie erinnerte an die heftigen Kämpfe des Jahres 63, wo ja gerade der Umstand, dass Rabirius *perduellionis* angeklagt wurde, so viel Staub aufgeworfen hatte.[3] In dieser Stelle aber konnte für einen alten Gelehrten die Veranlassung liegen, zu unserer Rede diesen Zusatz zu machen. Und zwar kann dieser Irrtum sehr früh entstanden sein und ist auch deswegen zu begreifen, weil ein solcher Gelehrter bei bloss flüchtiger Betrachtung der Rede aus den im wesentlichen über die Perduellion handelnden §§ 10—17 leicht auf die Vermutung kommen konnte, es liege eine Anklage wegen Perduellion vor. Ein Zusatz war um so eher geboten, als durch die Worte *pro C. Rabirio ad Quirites oratio* die Rede nicht scharf genug geschieden war von der *pro C. Rabirio Postumo [ad iudices] oratio*. Jedoch ist einem „Abschreiber" zu viel Ehre erwiesen, wenn man auf einen solchen die Aenderung zurückführt; vielmehr haben wir hier die Tätigkeit antiker Kritiker und Litterarhistoriker zu erblicken.[4] Wir haben uns aber um so weniger zu scheuen, hier die Hand eines alten Herausgebers anzunehmen, als ja auch sonst nicht alle Titel der ciceronianischen Reden fest sind, wie z. B. diejenigen der Catilinarien. Es will daher auch WINZ, der dies selber er-

---

[1] Darauf wies auch NIEBUHR S. 70 auch HUSCHKE S. 520 hin. Gebilligt ist diese Ansicht von LANGE III[1] S. 242, und MOMMSEN, St. R. II[3], I S. 208 Anm. 3, der die Rede immer zitirt als *pro Rab. ad popul.* Vgl. auch HEITLAND S. 34 f.

[2] PETRUNZ, S. 35.

[3] Gegen die Vermutung von HUSCHKE, S. 523 Anm. 22, dass diese Stelle der *Pisoniana* auch gehen könnte auf eine Rede, die Cicero im Senat hielt, um eine Aenderung der Prozessform zu erwirken, wendet sich mit Recht WINZ, S. 182. Ich halte die Beziehung der Stelle auf eine bestimmte Rede als unmöglich und muss daher auch den Schluss, den PETERS, Gesch. Roms II[3], 196, daraus zieht, die Sache des Senates sei von Cicero vor dem Volke verteidigt worden, abweisen.

[4] Wir sehen an den *Rosciunae* und *Rabirianae*, dass eine Scheidung nötig war, zumal wenn alphabetische Verzeichnisse der Reden hergestellt wurden (POSSIO). Von Cicero selber rühren diese Bezeichnungen wohl nicht her; er hätte kaum gesagt pro *Roscio comoedo*. Ich schliesse das aus *histriones* bei *Macrob. Saturn.* III, 14, 11; vgl. auch *ibid.* VI, 8, 2; *Roscius histrio summa venustate*.
Noch ist zu betonen, dass Cicero in dem gleich zu nennenden Briefe an Atticus seine Konsularreden sonst ziemlich genau bezeichnet, die *Rabiriana* jedoch bloss *quarta pro Rabirio* nennt.

wühnt (S. 182), dies Argument bloss eventuell zur Unterstützung anderer, gewichtigerer Gründe verwenden.[1]

In der Analyse der Rede bespricht WIRZ S. 184 zunächst die §§ 6—8 genannten *crimina*, welche den Gegenstand einer *multae irrogatio* bildeten, um S. 194 f. dann noch eingehender über die einzelnen *crimina* zu handeln. Da es besonders das Verdienst SCHNEIDERS ist, diese Partie der Rede gründlich untersucht zu haben, verspare ich meine Erörterungen über die einzelnen Klagepunkte auf den folgenden Abschnitt. Hier sei nur hervorgehoben, dass WIRZ das Vorhandensein einer Multklage nicht bestreitet. Hieran aber, resp. an dem Nachweis der Möglichkeit eines Nebeneinanderlaufens von Perduellions- und Multklage, scheitert, wie weiterhin zu zeigen ist, ganz besonders sein Rekonstruktionsversuch.

Besondere Beachtung verdienen die Ausführungen von WIRZ S. 184 ff. über die *peroratio*, aus welcher von HESCHKE und teilweise auch von PETSCHE (s. ob. S. 17 und 21) Argumente für die Multklage gezogen worden sind, während WIRZ gerade hier den stärksten Beweis gegen die Mult zu finden glaubt. Ich habe um so mehr Grund, mich mit WIRZ hierüber auseinanderzusetzen, als auch SCHNEIDER S. 29 sich ihm angeschlossen hat und sagt: „Cicero würde sich einer lächerlichen und für den Erfolg seiner Rede nur schädlichen Uebertreibung schuldig gemacht haben, wenn nur eine Mult gedroht hätte. WIRZ hat dies weiter, und wie mir scheint, durchschlagend ausgeführt."

Es ist richtig, dass Cicero gleich am Anfang der Rede spricht von der *defensio capitis, famae, fortunarumque omnium C. Rabiri* (§ 1), weiterhin ... *in discrimen capitis vocaverunt* (§ 2), ferner *quod in tanta dimicatione capitis, famae fortunarumque omnium fieri necesse est*[2] (§ 5); jedoch finde ich nicht, dass nicht schon in jenen ersten Worten eine rhetorische Uebertreibung liegen könne. Mir macht überhaupt die ganze Rede den Eindruck, dass sie, nicht um des Rubirius, sondern um der Sache des Senates willen, im Tone höchster Erregung gesprochen sei; die kühle Ruhe, die wir so gerne im Proömium hätten, finde ich darin nicht.[3] Würde der Redner nicht die Gefahr, die seinem Klienten droht, als eine gewaltige hinstellen, so liefe er Gefahr,

---

[1] Beiläufig sei erwähnt, dass nach allgemeiner Auffassung Cicero auch unsere Rede meint, wenn er *ad Att.* II, 1, 3 (vom Jahre 60) unter seinen Konsularreden nennt *quarta pro Rabirio*. Ebenso sicher bezieht sich auf unsere Rede *orat.* § 102: *ius omne retinendae maiestatis Rabirii causa continebatur, ergo in omni genere amplificationis exarsimus*. Aus keiner der beiden Stellen ergibt sich jedoch irgend ein Anhalt für Feststellung der Klageform oder für das Stadium des Prozesses, in welchem die Rede gehalten wurde. HEITLAND S. 34 (3) ist geneigt, zu viel daraus zu schliessen.

[2] G. W. PLEYERS, Mnemosyne n. s. IX (1860) S. 238 verwirft diese Worte mit Unrecht. Hierin stimme ich SCHNEIDER S. 48 Anm. 80 bei. Uebrigens hat kein Herausgeber die Streichung vorgenommen.

[3] Dies gegenüber der Behauptung von SCHNEIDER S. 29, dass Cicero an der Spitze der Rede noch „ruhig" von seiner Aufgabe spreche.

für die Grösse des Unheils, das dem Staate droht,[1] das Interesse des Volkes nicht in der unbedingt notwendigen Weise zu erwecken. Daher denn auch die Gegenüberstellung in der pathetischen Apostrophe an die Quiriten: *Deinde vos, Quirites, quorum potestas proxime ad deorum immortalium numen accedit, oro atque obsecro, quoniam uno tempore vita C. Rabiri, hominis miserrimi atque innocentissimi, salus rei publicae vestris manibus suffragiisque permittitur, adhibeatis in hominis fortunis misericordiam, in rei publicae salute sapientiam, quam soletis* (§ 5). Es beweist wegen der rhetorischen Gegenüberstellung von *rei publicae salus* und *hominis fortunae* der letztere Ausdruck nichts für den Strafantrag.

Dass die ganz allgemein gehaltene Aeusserung in § 16 *Misera est ignominia indiciorum publicorum, misera multatio bonorum, miserum exilium* zur Feststellung des *genus indicii* nicht verwendet werden darf, bezweifelt niemand und bemerkt auch Wirz S. 185 ausdrücklich.[2] Aber auch die Ausführungen von §§ 26—31, welche Wirz S. 184 und Schneider S. 29 zur Konstatirung des kapitalen Charakters der Anklage gegen Rabirius benützen, sollten streng genommen dafür nicht verwendet werden. Täusche ich mich nicht, so sind alle die zitirten Worte[3] bloss als mögliche Annahme hingestellt für den Fall, dass Rabirius die Tötung des Saturninus wenn auch nicht eigenhändig vollbracht, so doch beabsichtigt habe. Eine direkte Beziehung auf den zur Entscheidung vorliegenden Prozess scheint mir darin nicht vorzuliegen. Will man diese Auffassung nicht zugeben, so widerlege man die Behauptung, dass eine tribunicische Multklage auch einen kapitalen Charakter habe tragen können. Es scheint mir dem ganzen Wesen der *multae irrogatio* zuwiderzulaufen, wenn man ihr, im Gegensatz

---

[1] Vgl. §§ 2 und 3 der Rede, und besonders § 4: *post hominum memoriam rem nullum maiorem, magis periculosam, magis ab omnibus rebus providendum neque a tribuno pl. susceptam neque a consule defensam neque ad populum Romanum esse delatam.* Vgl. auch § 35 und 38. Besser ist das ausgeführt von Humenik, S. 528 f.

[2] Es ist mir daher unverständlich, wie allerneuestens F. Latkamacku, Jahresberichte d. philol. Ver. zu Berlin XVII (1891) S. 11 behaupten konnte, „wegen der *misera multatio bonorum* (§ 16) konnte er (der Strafantrag) als *multae irrogatio* bezeichnet werden." Ueber die früher von ihm gegebene Begründung der Auffassung von *multae irrogatio* vgl. unten.

[3] In Betracht kommen die Worte: *deinde quot ex his, qui vivunt, eodem crimine in summum periculum capitis arcessas?* (§ 26) *Nam, si C. Rabirius fraudem capitalem admisit, quod arma contra L. Saturninum tulit,* ... (§ 26). Ferner gehören hieher die Worte von § 27: *L. Flaccum . . . . nefarii sceleris ac parricidii mortuum condemnabimus?* (Man beachte auch hier die Uebertreibung!) und ganz entsprechend: *C. Marium . . . . . . sceleris ac parricidii nefarii mortuum condemnabimus?* (Mit Vermengung von chiastischer und anaphorischer Stellung. Vgl. Nägelsbach, Lat. Stilistik.[5] S. 474). Unrichtiger Weise führt Schneider auch die Worte *adiungemus ad hanc labem ignominiamque mortis etiam C. Mari nomen?* an; denn *ignominia mortis* ist „die Schmach im Tode" oder „die Schmach im Grabe" (Nägelsbach, a. a. O. S. 332). — Schliesslich gehören hieher die Worte: *Omnes ii . . . . abs te rei capitis C. Rabiri nomine citantur* (§ 31).

zur *multae dictio*, diesen Charakter absprechen will. Sie ist ja nicht wie diese zunächst ein Koerzitionsmittel der Magistrate, sondern gilt als eine Kriminalstrafe für Verbrechen. Nur wenn man am kapitalen Charakter der *multae irrogatio* festhält, lässt es sich begreifen, warum man dieselbe alternativ mit der *perduellio* und die letztere nur als „formelle Strafkategorie" anwendete.[1] Diese Sätze bedürfen der Belege im einzelnen nicht, sondern ergeben sich aus der Natur der *multae irrogatio* von selbst.

In der *peroratio* schliesslich sucht der Verteidiger von seinem Klienten Infamie und Exil abzuwenden. Auf die erstere bezieht sich § 36: *qui hasce ore adverso pro re publica cicatrices ac notas virtutis accepit, is, ne quod accipiat famae volnus, perhorrescit*, auf die Furcht, nicht in heimischer Erde sterben und ruhen zu dürfen, der ganze § 37: *Neque a vobis iam bene vivendi, sed honeste moriendi facultatem petit neque tam, ut domo sua fruatur, quam ne patrio sepulchro privetur, laborat. Nihil aliud iam vos orat atque obsecrat, nisi uti ne se legitimo funere et domestica morte privetis, ut cum qui pro patria nullum unquam mortis periculum fugit, in patria mori patiamini.*

Dass hier Cicero gegen *iustum exilium*, also gegen *aquae et ignis interdictio* plaidire, ergibt sich aus den so stark rhetorisch gefärbten Worten nicht. Auch liesse sich unmöglich der Beweis dafür erbringen, dass ein Multprozess zu *aquae et ignis interdictio* habe führen können. Dass jedoch *multae irrogatio*, wenn die Mult „unerschwinglich" war, zu *exilium*, das nachträglich als *iustum* erklärt werden konnte, habe führen können, glaube ich in Anhang II wahrscheinlich gemacht zu haben.

Ich glaube, wir müssen in der Tat annehmen, dass Cicero absichtlich und mit vollem Bewusstsein von der exorbitanten Mult, die jene Folgen nach sich ziehen konnte, nicht gesprochen habe, um so die Gefahr, die seinem Klienten drohte, desto grösser erscheinen zu lassen. Soviel ist ja klar, dass Labienus, wenn er nach der vereitelten Perduellionsklage noch zur Multklage griff, das nur tat in der Voraussetzung, durch die Bestrafung annähernd dieselbe Wirkung zu erzielen wie durch den Perduellionsprozess. Ich betrachte es daher als einen gar nicht so ungeschickten Kunstgriff Ciceros, die „Beziehung von dieser Ursache auf die betreffende Wirkung" (Winz S. 185) zu unterdrücken, und es den abstimmenden Komitien zu überlassen, herauszufinden, dass am Ende die Folgen der Mult für Rabirius gar nicht so schrecklich seien. Hätte Cicero lediglich von der Mult gesprochen, so wäre es ihm nie möglich gewesen, mit derselben glänzenden Rhetorik das *amici periculum* und die *rei publicae*

---

[1] Die bekannten Worte bei *Cic. pro Mil.* 36: *diem mihi, credo, dixerat, multam irrogarat, actionem perduellionis intenderat* bezeugen nicht ein Nebeneinandergehen beider Anklagen, bewirken auch keine Steigerung, sondern sind bloss als alternativ gedacht zu verstehen. Vgl. Hescke S. 146 Anm. 1. — Die obigen Sätze sind im Sinne der Auffassung von Heschke aufgestellt. Seine gründlichen Auseinandersetzungen S. 146 ff. und 180 ff. sind aber, so viel ich sehe, nirgends widerlegt worden.

salus nebeneinanderzustellen, wie er es bei diesem Uebertreiben der drohenden Gefahren wirklich erreicht hat. Er ist sich selber bewusst in dieser Rede gewaltige Rhetorik aufgewendet zu haben;[1] wie hätte er das unbeschadet dem Interesse seines Klienten tun können, ohne auch in den diesen betreffenden Partien rhetorisch zu übertreiben?[2]

Diese Erklärung wird nun freilich von Wirz S. 185 f. bestritten „durch Berufung auf Ciceros Sprachgebrauch und Gewohnheit, mit den in Rede stehenden Ausdrücken umzuspringen." Zunächst wird die Rede *pro P. Quinctio* besprochen. Obgleich der Redner dieselbe in einer *causa privata* hält, sagt er von sich: *me, qui caput alterius, famam fortunasque defendam* (mit auffallendem Anklingen an *pro Rab.* § 1) und redet an einer sehr grossen Zahl von Stellen, die Wirz fast vollständig zusammengestellt hat, von *caput, caput fortunaeque, fama, fama et existimatio, fama fortunaeque, bona fama fortunaque omnes, fortunae omnes, vita, vita et sanguis* seines Klienten, ja stellt ihn sogar § 43 und 94 als schon exilirt hin. In der *peroratio* dagegen (§ 98) zeige es sich klar, dass dem Quinctius bloss Verlust der *civitas* und des ganzen Vermögens drohe.[3] Wie hieraus nun aber weiterhin sich ergeben soll, „dass Cicero, wenn er auch mit dem Ausdruck *caput* zu spielen pflegt, doch nicht mit dem Begriff Versteckens spielt" (Wirz S. 186), ist mir unerfindlich. Er wollte doch gewiss im Falle des Quinctius die Geschworenen in der Illusion erhalten, die Anklage trage für seinen Klienten einen kapitalen Charakter. Wenn er hier, in der *causa privata*, am Schluss den wahren Tatbestand noch zu erkennen gibt, so ist das hier eine weise Mässigung.

Anders liegt der Fall mit dem Schluss der Reden *pro Cluentio, pro Sulla* und *pro Milone*. Alle drei betreffen Kriminalfälle, in denen den Verurteilten die *aquae et ignis interdictio* trifft; zuzugeben ist auch, dass die Art, wie der Redner über den Ausschluss von der Grabstätte in der Heimat, besonders in den beiden letztern Reden,

---

[1] Dies sagt er selbst in den schon angeführten Worten des *orat.* § 102: *ius omne retinendae maiestatis Rabirii causa contineatur, ergo in omni genere amplificationis exarsimus.*

[2] Ich betrachte dieses Aufbauschen der Gefahr wesentlich anders als Schneider S. 29 (Vgl. oben S. 24) und Wirz S. 185, der findet: „wir müssten an Ciceros Fähigkeit sich deutlich und wirksam (?) auszudrücken irre werden, sollte er schlechtweg von *periculum capitis* reden, lediglich gegen *exilium* peroriren, ohne über die exorbitante Mult sich auszulassen, die den Multprozess zu einem Kapitalprozess stemple, wodurch auf die Geldstrafe die Kapitalstrafe gehäuft (?) werde."

[3] Dafür, dass durch diese Einbusse „das *caput* im eigentlichen Sinne nicht betroffen wird", beruft sich Wirz S. 186 auf *pro Q. Roscio* § 16 *si qua sunt privata iudicia summae existimationis et paene dirum capitis, tria haec sunt fiduciae, tutelae, societatis*. Jedoch wird mit diesem Zitat nicht bestritten werden wollen, dass der Redner sich in der Quinctiana doch möglichst anstrengte, die Klage als das *caput* seines Klienten gefährdend, also als kapital, hinzustellen. Auch J. Frei, Der Rechtsstreit zwischen P. Quinctius und S. Naevius (Zürich 1852), betont S. 16 Anm. 21, dass wegen der drohenden Infamie Cicero den Fall §§ 31, 32, 33 und 95 ausdrücklich als *causa capitis* bezeichne.

spricht, grosse Aehnlichkeit mit § 37 der *peroratio* der Rabiriana zeigt. Dort aber spricht der Redner vor den Geschwornen und hat nur über das inkriminirte Vergehen als solches zu reden, nicht zugleich eine grosse politische Aufgabe zu erfüllen. Kein Wunder, wenn er sich dort keine Uebertreibungen zu Schulden kommen lässt, sondern sich genau an diejenige Strafe hält, die als direkte Folge der Kondemnation eintritt. Hier dagegen plaidirt er vor dem ganzen Volke und hat nicht bloss seinen Klienten sondern als Konsul den ganzen Staat, an dem die Gegner mit Gewalt rütteln, zu verteidigen; hier spricht er von Anfang an mit rhetorischer Uebertreibung. Sollte er es nicht verantworten können, diese Uebertreibung auch in der *peroratio* noch beizubehalten? Ob der Redner bloss vor den Geschwornen oder vor dem ganzen Volke spricht, macht doch gewiss für die Art, wie er sich ausdrücken darf, einen nicht unwesentlichen Unterschied aus. Ich betrachte demnach den Satz von WIRZ S. 186, „dass trotz und neben aller rhetorischen Uebertreibung aus der Prozessrede, zumal aus der *peroratio* das tatsächliche Verhältnis der prozessualischen Momente sich unzweideutig erkennen lässt", in dieser Allgemeinheit als eine petitio principii.[1]

Es kann nicht in Abrede gestellt werden, dass der Redner die ganz natürliche Neigung an den Tag legt, sobald dem Kondemnirten die Strafe der Verbannung droht, die Anklage als wesentlich kapital zu bezeichnen.[2] Soll ihm das nicht auch da gestattet sein, wo das Exil nur indirekt als Strafe droht?[3] Es entspricht doch ganz der römischen Anschauung, dass der Beklagte nicht bloss in einer *causa publica*, sondern auch in einer *causa privata* sich in seinem *caput* gefährdet sieht;[4] wie vielmehr musste dieses Gefühl Rabirius haben in einem mit solchen Chikanen geführten Prozesse? Scheut sich der Redner doch auch nicht, gleich zu Beginn seiner Verteidigungsrede für Sestius (§ 1) die Schrecken der Bestrafung am *caput*, wobei *caput* nur im Sinne der bürgerlichen Ehre und Existenz gefasst werden darf, in folgenden Worten aus-

---

[1] Damit soll nicht geleugnet werden, dass der Schluss solcher Verteidigungsreden nicht „einen gewissen Anhalt gewähre, um die Art der Strafe, welche drohte, zu erkennen." ZUMPT, Kriminalprozess S. 457 ff.

[2] Vgl. z. B. *pro Mur.* 8: *quae (amicitia) in capitis dimicatione a Ser. Sulpicio non idcirco deseratur, quod...; ibid. § 45.* Dieses Bestreben, die Strafe zu übertreiben, zeigen auch die griechischen Redner. Die ἐσχάτη κίνδυνοι bei Lys. g. Diogeit. XXXII, 2 beziehen sich nicht, wie man glauben könnte, auf Strafe an Leib und Leben, sondern bloss auf grosse Geldstrafe (ἐπιβολία). Vgl. m. Vormundschaft nach attischem Recht S. 191 Anm. 1 und S. 233.

[3] Vgl. LANGE, Röm. Alt. III¹, S. 242 Anm. 2: „der Ausdruck *reus capitis* 11, 31, *defensio capitis* 1, 1; 2, 5 beweist nichts dagegen, da bei einem Multiprozess indirekt auch das *caput* auf dem Spiele stand."

[4] Als Grundsatz ist dies ausgesprochen bei *Cic. div. in Caec. § 71: nulla salus rei publicae maior est quam eos, qui alterum accusant, non minus de laude, de honore, de fama sua quam illos, qui accusantur, de capite ac fortunis suis pertimescere.*

zumalen: *uno aspectu intueri potestis eos ... maestos, sordidatos, reos, de capite, de fama, de civitate, de fortunis, de liberis dimicantes!*

Es ist zuzugeben, dass von WIRZ und von SCHNEIDER der Nachweis erbracht ist, dass Infamie, Exil und Konfiskation des Vermögens die Folgen eines tribunicischen Perduellionsprozesses gewesen sein können; aber deswegen braucht die Erwähnung dieser Strafen an und für sich uns noch nicht zur Annahme eines solchen Verfahrens zu nötigen. Ich glaube erwiesen zu haben, dass bei Berücksichtigung der Umstände, unter denen Cicero den Rabirius verteidigt, alle für kapitale Bestrafung angezogenen Stellen auch dann zu verstehen sind, wenn wir einen Multprozess vor uns haben. Auf keinen Fall jedoch dürfen diese Stellen, vor allem die *peroratio*, dazu verwendet werden, um die Multklage zu beweisen.[1]

Die Deutung des *indicium sublatum* (§ 10) durch WIRZ wird im folgenden Abschnitt besprochen werden, so dass wir uns hier zunächst nur noch mit seinem Rekonstruktionsversuch des ganzen Prozesses zu beschäftigen haben. Da das ursprüngliche duumvirale Perduellionsverfahren nicht vorliegen kann, die Rede aber gegen das *crimen perduellionis* gehalten ist, nach WIRZ, so kann es sich nur um einen tribunicischen Perduellionsprozess handeln. Wenn nun auch meine bisherigen Ausführungen die Richtigkeit dieser Annahme einigermassen erschüttert haben mögen, so betrachte ich dieselbe doch noch nicht als widerlegt. Nehmen wir also vorläufig mit WIRZ einen zweiten, tribunicischen Perduellionsprozess an, und fragen wir, wie das Nebeneinanderlaufen von zwei Prozessen, der tribunicischen Perduellionsklage und der Multklage, deren Vorhandensein WIRZ ja nicht bestreitet, für möglich erklärt wird.

Zunächst macht WIRZ S. 187 „die Andeutung, dass, da tatsächlich ein Konkurs von Vergehen seitens eines Angeklagten vorliegt, vielleicht die Analogie des schwurgerichtlichen Verfahrens beizuziehen ist, wonach die einzelnen Vergehen an verschiedene Gerichtshöfe gewiesen waren." Die Analogie des schwurgerichtlichen Verfahrens hilft jedoch hier nichts und ist auch dem Volksgericht gegenüber gar nicht zulässig, da es ja aus ganz anderen Grundlagen hervorgegangen ist. Aber auch der Hinweis auf „die auf der antiken Rechtsauschauung und -praxis beruhende Gewohnheit der Prozessredner, auch das Vorleben ihrer Klienten in die Beweisführung hereinzuziehen und aus dem *probabile ex vita* einen Teil des Schuldbeweises zu gestalten" (S. 194), beweist weiter nichts. Könnte auch eventuell Labienus die §§ 6—8 genannten *crimina* als *probabile ex vita* benützt haben, so bleibt erst recht die Uebergangsstelle am Ende von § 8 unerklärt. Zugegeben ferner, dass die in Verbindung mit der *multae irrogatio* genannten Vergehen zu jener Zeit gewöhnlich nicht Gegenstand einer Mult-

[1] Vgl auch oben S. 17 und 21.

klage bildeten, wie WIRZ S. 194 f. ausführt, so kann er doch die *multae irrogatio* nicht ganz in Abrede stellen.

Aus antiken Quellen kann WIRZ das Zusammengehen von Mult- und Perduellionsklage nicht erklären, und so ist denn die Art, wie er die Multklage unterbringen will, sonderbar genug. Während er S. 184 findet, dass Cicero „eine Reihe anderer Punkte, welche der Kläger ausser dem eigentlichen Gegenstande des Prozesses zur Sprache gebracht hatte, desultorisch abfertige" (Labienus hätte also jene gehässigen Vorwürfe nur als *probabile ex vita* verwendet), wird S. 193 zugestanden, „dass sein (Ciceros) Klient von dem Tribun Labienus der Perduellion angeklagt und kapitaler Strafe durch Exil, Infamie und Vermögensverlust gewärtig war, und dass neben der Perduellionsklage noch eine Multklage wegen einiger geringerer Vergehen lief." Doch werden dann weiterhin diese beiden Prozesse nicht streng auseinandergehalten, indem S. 195 f. erklärt wird, die Multklage sei bloss angehoben worden, um, falls Rabirius der Verurteilung im Perduellionsprozess entginge, gegen ihn durchgeführt zu werden. Bei diesen Ausführungen ist mir nicht klar, was für einen Zweck es für den akkusirenden Tribun gehabt haben könnte „in dem einen Teile seiner *contio* des Rabirius Vorleben in der Art zu behandeln, dass er nachwies, es habe derselbe abgesehen von seinem Mord an Saturninus nach altem Verfahren wegen der genannten Vergehen eine Mult verwirkt." Bei dieser Konstruktion kommt es schliesslich darauf hinaus, dass Labienus gegen Rabirius auf Grund der gleichen Vergehen an zwei verschiedenen Orten klagt und nur das eine Mal die Ermordung des Saturninus, das andere Mal die kleinern Vergehen etwas mehr in den Vordergrund rückt.[1] So etwas geht denn doch nicht an.

Tatsächlich ist, wie schon HUSCHKE S. 520 gegenüber der Ansicht von DRUMANN ausführte, aber auch die Kombinirung einer kapitalen Anklage mit der multae irrogatio eine „prozessualistische Unmöglichkeit." Das zeigt deutlich genug *Cic. de dom.* § 45: *num cum tam moderata iudicia populi sint a maioribus constituta, primum ut ne poena capitis cum pecunia coniungatur.* Zudem hätten ja nicht beide Klagen in den gleichen Komitien verhandelt werden können, da Kapitalsachen vor die Centuriatkomitien, Multklagen aber vor die Tributkomitien gehörten.[2]

[1] Aehnlich drückt sich WIRZ in seiner rekapitulirenden Darstellung des Prozesses, S. 200 aus: „Labienus eröffnete die Klage gegen Rabirius im weitesten Umfange; nicht genug, dass er denselben wegen der Tötung des Saturninus als *perduellis* zur Verantwortung vorlud: er zog auch das manigfache Blössen bietende Vorleben desselben hinein und häufte auf ihn die Beschuldigung der Schändung heiliger Orte, der Unterschlagung, Brandstiftung und des Verwandtenmordes, des Sklavenraubs und der Vergewaltigung römischer Bürger, der aktiven und passiven Unzucht; für diese Vergehen schlug er das Multverfahren ein."

[2] So schon HUSCHKE S. 520 und 214, dann ausführlicher PERNICE S. 8 f. und nun auch SCHNEIDER S. 24 und S. 48 Anm. 74.

Ist nun aber weder ein gleichzeitiges Anheben der Perduellions- und der Multklage, noch auch eine Kombinirung der beiden möglich, so fällt die Ansicht von WIRZ und mit ihr auch diejenige von ORELLI, DRUMANN, REIFF und MÉRIMÉE dahin. Unbeschadet dieser Negation kann hier die gerade durch WIRZ wieder aktuell gewordene Frage, in welchem Termin des Prozesses Cicero seine Rede gehalten habe, erörtert werden. Ob wir nämlich einen vor die Centuriatkomitien gehörigen Perduellionsprozess oder eine vor die Tribus gehörige Multklage haben, in jedem Falle war der vorsitzende Magistrat gezwungen, die gesetzlichen drei Anquisitionstermine zu beobachten, und, wenn er im dritten Termin den Angeklagten verurteilte, von diesem an die vierundzwanzigtägige Zwischenfrist (*trinum nundinum*) bis zur Abstimmung innezuhalten.[1] WIRZ S. 193 f. trifft mit HUSCHKE S. 526—528 in der Annahme zusammen, dass nach einer Reihe von Stellen die Rede in einer *contio*, an einem der vorläufigen Anquisitionstermine, gehalten sei.[2]

Mit Unrecht führt zunächst HUSCHKE S. 527, nicht aber WIRZ, die Worte von § 25 *nunquam profecto istam imaginem, ..., in rostra atque in contionem attulisses*, an, indem er betont, dass Cicero in § 11 die *contio* scharf von den *comitia* scheide. Jene Worte beziehen sich ja gar nicht auf die Versammlung, in welcher Cicero seine Rede hält.[3]

Uebereinstimmend behaupten WIRZ und HUSCHKE, dass der Tribun nur in einer der Entscheidung vorangehenden *contio* die Zeit, innerhalb welcher Cicero sprechen durfte, auf eine halbe Stunde habe beschränken können. Für WIRZ ist dieses Argument deswegen von Bedeutung, weil nach seiner Ansicht in den Centuriatkomitien, in welchen die Abstimmung stattfand, nicht der Volkstribun Labienus, sondern der Praetor Metellus Celer den Vorsitz hatte. Für SCHNEIDER, der die betreffenden Komitien durch den Tribunen Labienus präsidiren lässt, fällt dies Bedenken weg. Ich finde mit ihm, dass diese Beschränkung am Gerichtstag selber ganz natürlich ist, nachdem eine lange Zeugeneinvernahme stattgefunden und Hortensius eine sehr eingehende Verteidigungsrede gehalten hatte.[4] Wenn WIRZ glaubt, dass Cicero es in ganz anderem Tone beklagt und gerügt haben würde, falls erst im Schlusstermin diese Beschränkung eingetreten wäre, so ist dagegen einzuwenden, dass die viermalige Erwähnung dieser dem Redner unbequemen Limitation, die ja an sich nicht ungesetzlich, wenn auch

---

[1] Ueber die *anquisitio* vgl. MOMMSEN, St. R. III, 1. S 355 ff., über das *trinum nundinum* S. 375 ff.
[2] Dieser Ansicht hat sich auch IHNE, Römische Geschichte VI S. 283 Anm. 2 angeschlossen.
[3] Vgl. oben S. 18 f.
[4] Vgl. § 18: *Et id C. Rabirius multorum testimoniis Q. Hortensio copiosissime defendente antea falsum esse docuit.* Die unerwiesene Behauptung von DRUMANN II, S. 163, auch dem Hortensius sei bloss eine halbe Stunde zu reden gestattet gewesen, haben HUSCHKE S. 527 und LALLIER S. 266 ihm nachgeschrieben.

chikanös war, doch wohl genügen sollte.¹ Dass dem Tribun nicht das Recht zugestanden habe, am Tage der Entscheidung diese Beschränkung eintreten zu lassen, ist von HUSCHKE nicht erwiesen.²

Für die Verlegung auf einen frühern Termin spricht, wenigstens anscheinend, § 17 der Rede: *tamen a me haec in hoc tam exiguo meo tempore non audies; liberum tempus nobis dabitur ad istam disceptationem*. Während nach HUSCHKE der Redner hiemit „selbst auf die spätere unbeschränkte ausführliche Verteidigung zu verweisen scheint", betrachtet WIRZ diese Stelle als „entscheidend"; jedoch mit Unrecht. Wenn wir annehmen, dass die Rede im Schlusstermin gehalten sei, so können jene Worte ganz wohl darauf gehen, dass der Redner überhaupt in künftigen politischen Verhandlungen wieder darauf zurückkommen wolle, wenn er wieder einmal auf jenen missglückten Versuch, die duumvirale Perduellion einzuführen, werde zu sprechen kommen. Hierauf, nicht auf die eigentliche Verteidigung des Rabirius, sondern auf die Person des Labienus bezieht sich ja diese Bemerkung.³ „Es ist eine deutliche Drohung gegen Labienus."⁴

Die Behauptung von HUSCHKE, dass die Unterbrechung des Redners durch das Publikum, worauf § 18 Bezug nimmt, besser für die *contio* als die Komitien passe, wurde von WIRZ S. 194 Anm. 13 durch den Hinweis auf *Cic. pro Mil.* § 34 widerlegt und ist auch deswegen nicht zutreffend, weil ja auch dann, wenn die Rede im Schlusstermin stattfand, sie doch noch *in contione*, unmittelbar vor dem Akte der Abstimmung, gehalten wurde.

Können so keine Beweise für das Verlegen der Rede auf einen früheren Termin vorgebracht werden, so fehlt es nicht an Stellen, die nur dann recht verständlich sind, wenn die Rede am Tage der Entscheidung gehalten ist. Zwar beweist die Zusammenstellung der *multae irrogatio* in § 8 unserer Rede mit *Cic. de dom.* § 45:

---

¹ Vgl. §§ 6, 9, 17 und 38. — Gegen die ungehörige Ausdeutung der Worte *neque ex comparato et constituto spatio defensionis in semihorae curriculo coegisti* (§ 6) durch HUSCHKE, S. 527 Anm. 26 und PERSCHE S. 23 sind die treffenden Gegenbemerkungen von SCHNEIDER S. 50 Anm. 103 zu vergleichen.

² So auch PERSCHE S. 33 Anm. 51, der ebenfalls Cicero die Rede im Endtermin halten lässt — Gegen die widersinnige Behauptung von HEITLAND, Introduction S. 37: „The limitation was probably in any case an arbitrary act, but it was clearly based on the tribune's power of *intercessio*" vergl. die Bemerkungen von SCHNEIDER S. 41.

³ Ebenso argumentiren PERSCHE, S. 33 Anm. 51, HEITLAND, S. 64 z d. Stelle (anders Introduction S. 37) und SCHNEIDER S. 39 f. Allerdings wird man den Satz *liberum tempus .... disceptationem* nicht durch einen Punkt von dem vorhergehenden trennen; aber SCHNEIDER hat übersehen, dass der Satz *tamen ... audies* den Nachsatz zu dem mit *quamquam* eingeleiteten Vordersatz bildet, also von diesem nicht losgerissen werden darf.

⁴ SCHNEIDER S. 40.

num cum tam moderata iudicia populi sint a maioribus constituta, ... ut ter ante magistratus accuset intermissa die quam multam irroget aut iudicet nichts, da ja das Irrogiren der Mult durch den Magistrat als Vorerkenntnis im dritten Termin erfolgt und im vierten Termin die Provokationsverhandlung;[1] wohl aber zwingen der Eingang und der Schluss der Rede zu dieser Annahme. Wie sollte man sonst verstehen, dass Cicero § 5 sagt, er flehe alle Götter darum an, *ut hodiernum diem et ad huius salutem conservandam et ad rem publicam constituendam illuxisse patiantur* und § 36 f., wo er sagt, sein Klient, der immer treu zum Vaterlande gestanden habe, *is nunc impetum civium . . . . perhorrescit. Neque a vobis iam bene vivendi sed honeste moriendi facultatem petit.* Ueberhaupt wäre der gewaltige Eifer und das Pathos, das Cicero aufwendet, nicht recht begreiflich, wenn es sich nur um eine vorläufige *contio* handeln würde, in der ein bestimmter Beschluss noch gar nicht gefasst wurde. Die Anquisitionstermine dienten für die Klagverkündigung, Verhöre, Zeugeneinvernahmen etc., die Plaidoyers waren der letzten Versammlung vorbehalten.[2]

---

[1] Dies gegen Petschke a. a. O., mit dem ich sonst hier, wie Schneider, gegenüber Huschke und Wunz einig gehe.

[2] Ich weiss wohl, dass ich mit dieser Annahme in Konflikt gerate mit der Ansicht von Mommsen, der bezweifelt, dass im vierten oder Schlosstermin noch ein kontradiktorisches Verfahren stattgefunden habe (St. R. III, 1 S. 358 Anm. 4). Ueber die Gründe, die ihn zu dieser Annahme bewogen haben, spricht sich, so viel ich sehe, Mommsen nicht direkt aus. Ich nehme an, es sei, abgesehen von der langen Zeit, welche eine Abstimmung auch dann erforderte, wenn gar keine Opposition erhoben wurde (vgl. S. 417), vor allem die Erwägung, dass in den drei Anquisitionsterminen Gelegenheit genug zum Begründen und Widerlegen der Anklage vorhanden gewesen sei. Doch will mir scheinen, dass, wenn in den über Gesetze abstimmenden Komitien ein Suasions- und Dissuasionsverfahren die Einleitung zur Abstimmung bildete (S 394 ff.), auch im Volksgericht noch im letzten Termin ein kontradiktorisches Verfahren möglich gewesen sei. Für Kapitalprozesse freilich wird man das nicht behaupten wollen, da ja diese vor die Centuriatkomitien gehörten, die sich auf dem Marsfeld versammelten; dort aber fehlten die *rostra*, allerdings nicht als Ursache, sondern als Folge der Unstatthaftigkeit der Debatte vor der Abstimmung (vgl. a. a. O. S. 395 Anm. 5). Hier hat Mommsen S. 358 Anm 4 wol mit Recht das kontradiktorische Verfahren geleugnet, aber er hat kaum mit Recht diese Negation auf das Volksgericht überhaupt ausgedehnt (S. 393).

Es will mir nicht recht einleuchten, dass die Plaidoyers schon im dritten Termin gehalten wurden und dass dann nach Ablauf des *trinum nundinum*, also frühestens nach 24 Tagen, auf die blosse Bezeichnung des Beklagten und des Vergehens und die Bekanntmachung des Strafantrages des Magistrats hin ohne weitere Debatte über das Schicksal des Beklagten entschieden worden sei. Es wäre dem endgiltig abstimmenden Volke viel zugemutet gewesen, wenn es noch nach drei Wochen den Prozess so gut sollte im Sinne gehabt haben, dass es hatte sein Urteil fällen können, ohne dass ihm der objektive Tatbestand mitsamt der subjektiven Beleuchtung durch die Beweisführung der Parteien noch einmal vor Augen geführt worden wäre. Allerdings stand es ja dem Angeklagten frei, auf das Innehalten jener 24tägigen Frist zu verzichten (a. a. O. S. 356 Anm 3 und S. 376 Anm. 8); jedoch erscheint diese Verzichtleistung als etwas Ausserordentliches, während das Gewohnliche die zeitliche (und lokale) Trennung des letzten Anquisitionstermins von dem Termin der Abstimmung ist.

Die weitere Frage, ob sich aus der Rede selber Anhaltspunkte dafür ergeben, ob dieselbe vor den Centurien oder vor den Tribus gehalten sei, wird richtiger bei der Besprechung der Ansicht von SCHNEIDER, zu der wir jetzt übergehen, erörtert werden.

3. Die Erklärung von SCHNEIDER.

Einzelne Aufstellungen von SCHNEIDER[1] sind schon in den vorhergehenden Abschnitten teils in zustimmendem, teils in ablehnendem Sinne besprochen worden;[2] die Erörterung einiger anderer ist in die „Anhänge" verwiesen;[3] so sind hier nur noch zwei Stellen zu besprechen, deren Erklärung allerdings mehr als alle bisherigen Ausführungen massgebend ist für die ganze Auffassung des Prozesses: die *multae irrogatio* von § 8 und das *iudicium sublatum* von § 10.

Nachdem Cicero sich in § 6 der Rede beklagt hat, dass der vorsitzende Tribun Labienus ihm nur eine halbe Stunde zum Reden eingeräumt und so überhaupt die

---

Ich gebe zu, dass die von mir im Texte angeführten Worte auch verständlich sind, wenn der Redner nicht am Tage der Entscheidung spricht, sondern überhaupt später keine Gelegenheit mehr hat, sich in Sachen zu äussern; aber es scheint mir mit dem praktischen Blick der Römer nicht vereinbar, zwischen der Klagbegründung und Verteidigung einerseits und der Abstimmung andererseits eine solche Frist zuzulassen. Da ja „immer und notwendig" (S. 390) den eigentlichen *Abstimmungscomitia* eine noch ungegliederte *contio* vorangieng, so konnte doch wohl hier noch ein kontradiktorisches Verfahren stattfinden. Dann begreifen wir auch, dass der vorsitzende Magistrat, um die viel Zeit beanspruchende Abstimmung nicht allzuweit hinausschieben zu müssen, den Rednern kraft seines Imperiums gewisse Beschränkungen bezüglich der Länge ihrer Plaidoyers auferlegt.

Es fehlt uns ein genaues Bild der Prozedur beim Volksgericht; daher die Unbestimmtheit dieser Ausführungen. Liesse sich z. B die Annahme von MOMMSEN, dass „es mindestens für den Kapitalprozess zweifelhaft ist, ob im letzten Termin noch ein kontradiktorisches Verfahren stattfand" (S. 358 Anm 4), beweisen und auf diesen beschränken, so ergabe sich ein neues Argument gegen die Annahme der Perduellion in der Rabiriana, wenn man, wie SCHNEIDER, dieselbe im Schlusstermin gehalten sein lässt. Ich möchte diesen Schluss nicht ziehen, da ja dann immer noch die Möglichkeit offen bliebe, Rabirius habe auf das Innehalten des *trinum nundinum* verzichtet. Ich denke also über den Termin wie SCHNEIDER S. 39 und PETSCHE S. 33 Anm. 51.

[1] Vgl. die Besprechungen von G. LANDGRAF, Bursians Jahresberichte Bd. 59 (1890) S. 197—198, F. LUTERBACHER, Jahresber. d. phil. Ver. zu Berlin XVII (1891) S. 10—11 und von mir, Wochenschr. f. klass. Phil. VII (1890) Nr. 47 Sp. 1283—1286.

[2] Ich verweise auf die Ausführungen über den Begriff der *perduellio* oben S. 9 ff, über *in rostra atque in contionem* (§ 25) oben S. 18 f., über den Strafantrag und bes. die *peroratio* oben S. 24 ff. und über das Stadium des Prozesses, in dem die Rede gehalten ist, S. 31 ff.

[3] I. Die Bestellung der Duumvirn (bei SCHNEIDER Abschnitt I); II. Die unerschwingliche Mult; III. Die Auspizien der Volkstribunen.

Möglichkeit genommen habe, als Konsul sich über das Unerhörte des Vorgehens gegen Rabirius hinreichend zu beklagen, wendet er sich der eigentlichen Verteidigung seines Klienten zu.[1]

Zunächst erwähnt er eine ganze Anzahl von *crimina*,[2] die er mit Leichtigkeit widerlegen konnte und deren Widerlegung er sich auch leicht machen durfte, nachdem Hortensius die wirkliche Verteidigung *copiosissime* (§ 18) geführt hatte.

Mit einem höhnischen *Nisi forte* fertigt er (§ 7) den Vorwurf ab, Rabirius habe sich des *sacrilegium* schuldig gemacht. Dieser Vorwurf war vom Kläger damit begründet worden, dass *de locis religiosis ac de lucis, quos ab hoc violatos esse dixisti*, einst wirklich eine Verhandlung stattgefunden hatte, indem C. Macer den Rabirius deswegen angeklagt hatte. Diese Abfertigung war für Cicero um so leichter, als Rabirius freigesprochen worden war.[3]

Ein weiterer Vorwurf *de peculatu facto aut de tabulario incenso* beruhte bloss darauf, dass Rabirius einen Verwandten, einen gewissen C. Curtius,[4] der wegen dieses Verbrechens angeklagt, aber freigesprochen worden war, unterstützt hatte, so dass er dadurch etwelchen Verdacht auf sich lud. Ganz richtig bemerkt HEITLAND S. 51, dass der Ausdruck *de peculatu facto* nicht etwa in dem Sinne gedeutet werden dürfe, als ob Cicero damit zugebe, sein Klient habe das Verbrechen wirklich begangen,

---

[1] *Quamquam in hac praescriptione semihorae patroni mihi partis reliquisti, consulis adeuisti, propterea quod ad defendendum prope modum satis erit hoc mihi temporis, ad conquerendum parum.*

[2] Diese einzelnen *crimina* werden hier etwas eingehender behandelt, als das bei meinen Vorgängern der Fall ist. An der Kritik der Ansicht von SCHNEIDER entwickle ich zugleich meine eigene Auffassung.

[3] Die Freisprechung ergibt sich aus den Worten Ciceros, der Ankläger habe zu erwähnen vergessen, *quid aequi et iurati iudices iudicarint*. So auch SCHNEIDER S. 22. — Wenig wahrscheinlich vermutet HEITLAND S. 51, dass die Verletzung der *loca religiosa* stattgefunden habe „in the hurry and confusion of the attack on Saturninus and his crew." Dagegen scheint mir seine weitere Bemerkung, es habe wol auch Labienus in der Klagbegründung diese *res iudicata* nur kurz gestreift, Cicero aber den Vorwurf gerne aufgegriffen, um daran die Gehässigkeit der gegnerischen Argumentation zu zeigen, das Richtige zu treffen.

Blosse Phantasie ist es, wenn ZUMPT, Kriminalprozess S. 503 annimmt, die Entweihung heiliger Stätten und Haine habe darin bestanden, dass Rabirius daselbst Leute getötet habe, und wenn ZUMPT deshalb den Prozess anführt unter denen über Mord nach der *lex Cornelia de sicariis*.

Ebenso unbegründet ist die Annahme von DRUMANN IV, 194, der Prozess habe im Jahr 73, da Macer Volkstribun war, stattgefunden, wogegen ZUMPT a. a. O. Anm. 1 opponirt. Will man eine Zeitbestimmung versuchen, so kann man mit HEITLAND S. 51 sagen, dass der Prozess jedenfalls 3 Jahre vor demjenigen gegen Rabirius geführt wurde, da C. Licinius Macer im Jahre 66 angeklagt wurde und sich in Folge der Verurteilung ums Leben brachte.

[4] SCHNEIDER S. 22 nennt ihn C. *Curius*. So hat allein der cod. Oxon., und nicht einmal deutlich, *Curtius* alle übrigen. Auch HALM, der im Text *Curius* hatte, hat in der Appendix dieses verbessert in *Curtius*.

sondern dass man die Worte auffassen müsse als den von Labienus selber gebrauchten Ausdruck.[1] Dass aber vielleicht Rabirius hiebei nicht ganz so unschuldig war, wie Cicero als Advokat behauptet, scheint sich mir schon daraus zu ergeben, weil die Insinuation von Seiten des Labienus, die ja zunächst nicht den Angeklagten, sondern einen Dritten traf, sich doch sonst allzu einfältig ausnehmen würde. Nachdem Curtius freigesprochen worden war, konnte Cicero recht wol sich so bestimmt ausdrücken: würde seinem Klienten gar kein Makel angehaftet haben, so hätte er wol kaum verfehlt, das gehörig für sich auszunützen.

Mit dem Vorwurfe des *peculatus* ist eng zu verbinden der *de tabulario incenso*, den der Redner im gleichen Atemzug nennt. Jedoch werden wir nicht mit REIN, Kriminalrecht S. 690 gerade hierin das als *peculatus* inkriminirte Verbrechen sehen, sondern zu trennen haben zwischen der direkt gegen Curtius gerichteten Klage *peculatus* und dem Anzünden des Archivs. Dadurch wurde wol beabsichtigt, kompromittirende Papiere und dergleichen zu beseitigen, damit der Nachweis der Unterschlagung nicht möglich sei.[2] Es ist SCHNEIDER (S. 23) zuzugeben, dass im Jahre 63 wegen *incendium* kaum noch eine *multae irrogatio* wird zulässig gewesen sein, nachdem schon im Jahre 81 Sulla durch seine *lex Cornelia de sicariis et veneficis* dafür eine besondere *quaestio perpetua* eingerichtet hatte.[3] Da die Klage gegen einen Dritten gerichtet war, so ist die Art, wie Cicero diesen Vorwurf abtut, „eine ganz richtige Erwiderung auf eine in der Rede des Gegners gemachte leichtfertige oder gehässige Verdächtigung."[4]

Ferner muss Labienus dem Rabirius vorgeworfen haben, er habe den Sohn seiner Schwester getötet *(de sororis filio .... quem ab hoc necatum esse dixisti)*, um so in einem Prozess, in den sein Schwager eben verwickelt war, durch *excusatio familiaris funeris* eine Verlängerung des Gerichtsterminis *(prolatio indicii)* um zwei

[1] „But I think it merely expresses the allegation of Labienus" HEITLAND S. 51. Mit Unrecht hat LAMBINUS *facto* verdächtigt.
[2] So auch HESCHKE S. 515 und HEITLAND, Appendix B S. 93.
[3] Die Verbindung der Bestrafung der *incendiarii* mit den *sicarii* und *venefici* ist bezeugt durch MARCIAN. in l. 1 Dig. ad leg. Corn. de sic. 48, 8; doch ist man wol berechtigt aus Coll. leg. Rom. et Mos. 12, 5, 1: *incendiariis lex quidem Cornelia aqua et igni interdici iussit* eine besondere *lex Cornelia de incendariis* zu erschliessen. Uebrigens war die Strafe für *incendium* nicht immer kapital, indem auch nach Einführung der *lex Cornelia* blosse Ersetzung des angerichteten Schadens (nach der *lex Aquilia*) zulässig war, wenn kein *dolus malus* vorlag. Vgl. ZUMPT, Kriminalrecht II, 2 S. 21 ff.
[4] SCHNEIDER S. 22. — Eine durchaus irrige Auffassung vertritt ZUMPT, Kriminalrecht I, 2 S. 472; man habe in dem Multprozess, den Cicero in seiner Rede nennt, nicht diesen zu erkennen, sondern „eben denselben", den der Redner schon erwähnt habe, nämlich den wegen *peculatus* des C. Curtius. Ueber diese fast unverständliche Interpretation, die HESCHKE S. 520 und SCHNEIDER S. 23 mit Recht keiner Widerlegung würdigten, brauche ich mich um so weniger zu verbreiten, als noch PUTSCHE S. 6—8 dieselbe ausführlich widerlegt hat.

Tage zu erhalten. Die Anklage scheint sehr wenig plausibel. Cicero behandelt daher den Vorwurf mit dem richtigen Hohn. Er sagt nicht: „Gibt es nichts Unwahrscheinlicheres, als dass Rabirius aus Liebe zum Gatten seiner Schwester dessen Sohn getötet habe?", sondern höhnisch: *quid enim est tam verisimile quam cariorem huic sororis maritum quam filium fuisse atque ita cariorem, ut alter vita crudelissime privaretur, cum alteri ad prolationem indicii biduum quaereretur!*[1] Auch hier stimme ich SCHNEIDER bei, dass das Verbrechen vorbedachter Tötung um diese Zeit kaum mehr mit einer Mult geahndet wurde, sondern vor die *quaestio perpetua* gehörte, die seit der *lex Cornelia de sicariis et veneficis* vom Jahre 81 bestand. Um so mehr wird hier ein Multverfahren nicht mehr am Platze gewesen sein, als vielleicht schon C. Sempronius Gracchus im Jahre 123 v. Chr. mit dem Einsetzen eines ständigen Gerichtes für Mord den Anfang gemacht hatte.

Zwei weitere Vorwürfe, die in einen zusammenzufassen sind, wurden gegen Rabirius erhoben *de servis alienis contra legem Fabiam retentis aut de civibus Romanis contra legem Porciam verberatis aut necatis*. Diese Vergehen muss sich Rabirius haben zu Schulden kommen lassen, als er in irgend einer amtlichen, vielleicht militärischen Stellung in Apulien und Kampanien war.[2]

---

[1] Ich vermag nicht einzusehen, warum man mit LAMBINUS, HALM, KAYSER und C. F. W. MÜLLER lesen soll: *quid enim? est [tam] verisimile [quam] cariorem huic sororis maritum quam sororis filium fuisse . . . quaereretur?* (als Frage). Ich stimme SCHNEIDER S. 27 vollkommen bei, dass an dieser Stelle nichts zu ändern ist. Sprachlich ist dieselbe gewiss nicht zu beanstanden und auch inhaltlich klar, wenn auch mit modernem Zartgefühl nicht wohl zu vereinigen. Doch darf dies keinen Grund abgeben zur Textesänderung. Dies gegen HEITLAND S. 53: „to read — *quid enim est tam verisimile quam* — and take it all for sarcasm, seems to me forced and inappropriate to a speech before the people."

[2] Eine *domus Rabiriana Neapoli* nennt Cicero in einem Briefe vom Jahr 69 v. Chr. (*ad Att.* I, 6, 1). Es ist möglich, dass unser Rabirius damit in Beziehung zu bringen ist. Vgl. auch HEITLAND S. 53.

Die Frage nach der Schuld des Rabirius lässt sich hier nicht entscheiden. MOMMSEN, Röm. Gesch. III, 170 und andere mit ihm nehmen dieselbe als erwiesen an. Er bezeichnet Rabirius als „unter den apulischen Gutsbesitzern wegen seiner Menschenschinderei und seiner Bluttaten verrufen" und demnach als „elenden Gesellen". Weniger bestimmt drückt sich HEITLAND S. 31 d und Anm. 7 aus, während SCHNEIDER gar nicht so sehr überzeugt ist, dass jene Vorwürfe den Rabirius wirklich treffen (S. 48 Anm. 78). Mit Recht betont er, dass Cicero sich wirklich eine Blösse gäbe, die jeder aufmerksame Hörer hätte beachten müssen, wenn er diese Vorwürfe hätte auf Rabirius sitzen lassen. Wieso konnte er am Anfang der Rede (§ 2) sagen, dass er zur Uebernahme der Verteidigung bewogen worden sei durch *amicitiae vetustas* und *dignitas hominis*, um am Schluss noch einmal zu wiederholen, er habe einen Freund verteidigt? Andererseits muss aber gesagt werden, dass ein Anwalt da, wo es sich für ihn darum handelt politisch siegreich zu sein, wo es gilt, einen Hieb, der einer ganzen grossen Partei versetzt werden soll, geschickt zu pariren, schon im Interesse der Parteipolitik nicht davor zurückschrecken durfte, sich als Freund eines minder gut beleumdeten Mannes hinzu-

Ganz klar sind dieselben übrigens nicht. Der erste Vorwurf bezieht sich auf das Vergehen des *plagium*, dass er andern entlaufene Sklaven sich widerrechtlich angeeignet habe, ein Vergehen, welches nach der *lex Fabia de plagiariis* zu bestrafen war. Dass dieses Gesetz zurückgehe auf den Konsul des Jahres 183 v. Chr., Q. Fabius Labeo, ist eine ziemlich wahrscheinliche Vermutung.[1] Nach den Quellen bestand die Strafe früher, sicher zur Zeit der Republik, in Geld,[2] wurde aber später, in der Kaiserzeit, verschärft zu Kreuzigung oder Entsendung in die Bergwerke, oder zu Konfiskation des halben Vermögens und Relegation.[3] Wahrscheinlich hat SCHNEIDER S. 23 f. Recht, wenn er die Möglichkeit einer Mult auch für diese ältere Zeit bestreitet, indem die betreffende *lex* Geldstrafe von bestimmter Höhe, also eine *poena* und keine *multa* festsetzte.[4]

Noch unbestimmter lautet der Vorwurf *de civibus Romanis contra legem Porciam verberatis aut necatis*. Es ist am wahrscheinlichsten, dass wir unter dieser *lex Porcia* von den 3 *leges Porciae*, die uns *Cic. de re publ.* II, 31, 54 nennt, die älteste zu verstehen haben, die ihren Ursprung der Praetur des M. Porcius Cato (198 v. Chr.) verdankt. Dieselbe verbot einen römischen Bürger *adversus provocationem* zu geisseln oder zu töten, und scheint auch einem schon kondemnirten römischen Bürger gestattet zu haben ins Exil zu gehen.[5] Aus Livius[6] muss man mit SCHNEIDER S. 23 schliessen, dass auch hier den das Gesetz übertretenden Magistrat eine bestimmte *poena*, nicht eine von einem Volkstribunen beantragte Mult traf. Jedoch liegen über

stellen. Es ist das einer jener vielen Fälle, wo die Staatsmoral nicht die glatten Pfade der gewöhnlichen Moral wandeln kann.

Ich glaube nicht, dass in diesem Falle die Schuldfrage sich auch nur annähernd bestimmen lasse. Jedenfalls ist daraus, dass eine grosse Menge Leute aus Apulien und Kampanien nach Rom gekommen ist zur üblichen *laudatio* für Rabirius, kein Schluss zu ziehen; denn die Leute waren sehr leicht zu bewegen, zu solchem Zweck eine Reise nach der Hauptstadt zu unternehmen, wenn man das Geld nicht sparte.

[1] LANGE II² S. 663 und 269; III S. 5. — Der Sklave, der sich gegen die *lex Fabia* vergangen hatte, durfte innerhalb 10 Jahren nicht freigelassen werden. *L. 12 Dig. de manum.* 40, 1 bei PUCHTA, Instit. II², S. 93 Anm. tt. — Vgl. über die *lex Fabia* auch HEITLAND, Appendix D S. 99, der sich im wesentlichen REIN, Kriminalrecht S. 386—389 anschliesst.

[2] Paulus, *lib. sent.* 5, 30 b, 1: *et olim quidem huius legis poena nummaria fuit* (= *Coll. leg. Rom. et Mos.* 14, 2, 2).

[3] Paulus a. a. O.: *humiliores aut in metallum dantur aut in crucem tolluntur, honestiores adempta dimidia parte bonorum in perpetuum relegantur.*

[4] Ueber den Unterschied von *poena* und *multa* vgl. HUSCHKE, Die Multa und das Sacramentum S. 4.

[5] Sall. Cat. 51, 22: *condemnatis civibus non animam eripi, sed exilium permitti iubent.* Vgl. ibid. § 40.

[6] Liv. 10, 9, 1: *graci poena, si quis (i. e. magistratus) verberasset necassetve civem Romanum*, sanxit.

die porcischen Gesetze noch viele unklare Punkte vor.¹ Am besten tut man vielleicht mit HEITLAND, der dieselben in der *Appendix E*, S. 100—108 behandelt, anzunehmen, dass Ciceros Angabe sich nicht auf eine bestimmte *lex* beziehe, sondern zu fassen sei „as a loose reference to the Porcian legislation as a whole" (S. 108).

Ich lege keinen besondern Wert darauf, muss aber hier doch erwähnen, dass jene Stelle des Livius die einzige ist, welche uns die Folgen der *lex Porcia* angibt, und dass dort *poena* nicht im ausgesprochenen Gegensatz zu *multa* genommen zu werden braucht, sondern diese auch in sich begreifen kann. Es ist also dann das Anheben einer Multklage bei Uebertretung der *lex Porcia* nicht ausgeschlossen. Im Grund genommen liegt ja ein Missbrauch der Amtsgewalt vor; für diese war aber das Perduellions- und weiterhin das Multverfahren lange gebräuchlich.²

Dies waren alles Vorwürfe, welche Labienus in verdächtigender Weise in der Klagbegründung vorgebracht hatte, um Rabirius in einem möglichst ungünstigen Lichte erscheinen zu lassen.³ Die Widerlegung eines neuen und Hauptvorwurfes wird eingeleitet durch *Nam quid ego ad id longam orationem comparem, quod ...,* wodurch derselbe auch äusserlich als besonders bedeutungsvoll hervorgehoben wird.⁴ Dieser neue Vorwurf lautet: *hunc nec suae nec alienae pudicitiae pepercisse.* Labienus wirft also dem Rabirius aktive und passive Unzucht vor, „er habe sich selbst andern preis-

---

¹ So versteht z. B. HEITLAND mit LANGE, denn er sich eng anschliesst, unter jener *gravis poena* die *aquae et ignis interdictio* (S. 103 [5]), während ZUMPT, Kriminalrecht I, 2 S. 69 glaubt, der Uebertreter des porcischen Gesetzes sei als *perduellis* betrachtet worden.

Besonders die breiten Auseinandersetzungen von ZUMPT, Kriminalrecht I, 2 S. 48—69 enthalten viele unsichere Vermutungen. Vgl. auch noch MOMMSEN, St. R. I, 1 S. 161 Anm. 4.

² Vgl. HESCHKE S. 209 Anm. 190. Besonders betone ich, dass gegen Cicero wegen *caedes civis indemnati* Clodius in dieser Weise vorgehen wollte. Vgl. *pro Mil.* 36: *diem mihi, credo, dixerat, multam irrogarat, actionem perduellionis intulerat.* Wenigstens subsumirt HESCHKE a. a. O. diesen Fall unter die übrigen betreffs „Missbrauch der amtlichen Gewalt gegen römische Bürger."

³ Auch äusserlich werden dieselben als zusammengehörig bezeichnet. Ihre Aufzählung beginnt § 7 mit einem ironischen *nisi forte .... pluribus certus tibi respondendum esse putas;* jeder einzelne folgende Vorwurf wird dann mit einem *an de* (es folgt die Benennung des Verbrechens) eingeleitet. Auch darin zeigt sich eine gewisse Aehnlichkeit, dass es beim ersten Vorwurf heisst: *quos ab hoc violatos esse dixisti .... quo in crimine,* beim zweiten: *.... quo in crimine,* beim dritten: *quem ob hoc necatum esse dixisti,* während beim vierten eine genauere Angabe ähnlicher Art fehlt.

⁴ Es ist dies das bekannte *nam* der *praeteritio* in der Form der *occupatio,* zu erklären durch eine Ellipse etwa in dem Sinne: „ich könnte hier ruhig abbrechen mit meiner Widerlegung, denn dass ich den Vorwurf der Verletzung der *pudicitia* widerlege, wird man von mir nicht erwarten." Vgl. Ant. HAACKE, Lat. Stilistik ³ § 117, 1, a S. 364 und O. DRENCKHAHN, Lat. Stilistik § 191 S. 72. Mit dieser Form der Rede „unterbricht der Darstellende die Erzählung, damit das Neue als etwas besonders Bedeutungsvolles nicht mit dem Vorhergehenden auf gleiche Linie gestellt wird" (HAACKE a. a. O. S. 283).

gegeben und hinwieder andere seiner Lust dienstbar gemacht".[1] Fragen wir zunächst nach der Strafe, die den wegen *stuprum* Verurteilten traf, so lautet die natürliche Antwort: eine *multa*. SCHNEIDER S. 25 drückt sich ziemlich unbestimmt aus. Er sagt nach MOMMSEN,[2] dass die Verletzung der *pudicitia* aedilicischer Ahndung unterlag und „gar nicht das Objekt einer tribunicischen Multklage bildete." REIN, Kriminalrecht S. 866 Anm.[3] nahm entgegen BRISSONIUS an, dass die *lex Scantinia* für dieses Vergehen eine bestimmte Geldstrafe androhte; jedoch braucht man bei den an zwei Stellen des Quintilian[4] genannten 10,000 Assen nicht an eine gesetzlich fixirte *poena* zu denken.[4] Es ist keinen Augenblick zu bezweifeln, dass wegen *stuprum* eine aedilicische Multklage angestellt worden sei.[5] Dass je die Tribune solche Vergehen in den Kreis ihrer Judikation gezogen hätten, ist allerdings recht unwahrscheinlich, denn ihrer Judikation unterliegen „nur Handlungen, welche als Pflichtvergessenheit der öffentlichen Beamten oder Beauftragten gefasst werden können."[6] Das hindert aber m. E. nicht, dass ein Tribun bei einer *multae irrogatio*, die sich auf eine ganze Anzahl von Klagepunkten stützt, nicht auch das *stuprum* als einen solchen Klagepunkt verwenden konnte; das ist der Fall in unserer Rede.

Von diesem Sittlichkeitsvergehen heisst es § 8: *quod est in eadem multae irrogatione perscriptum*. Diese Worte bilden für alle diejenigen, welche an dem Perduellionsverfahren festhalten, eine schwierige Klippe, wie sie anderseits für diejenigen, welche eine Multklage annehmen, den sichersten Stützpunkt abgeben. Von allen Gelehrten, die sich im erstern Sinne entschieden haben, hat keiner dieselben genügend und konsequent erklärt ausser SCHNEIDER. Ob man nun die *multae irrogatio* beschränke auf das Vergehen gegen die Sittlichkeit, oder ob man sie auf alle vorhergenannten Vergehen beziehe, in jedem Fall erhält man eine Kumulation von kapitaler und Multklage, die

---

[1] SCHNEIDER S. 24.
[2] St. R. II³, 1 S. 493 unter 5.
[3] Quint. inst. or. 4, 2, 69: *decem milia, quae poena stupratori constituta est, dabit* und 7, 4, 42: *stuprator decem milia dare debebat, quae poena huic crimini constituta est*.
[4] Immerhin muss man mit HESCHKE S. 257 die Möglichkeit zugeben, dass die Strafe von 10,000 Assen „auch in anderer Weise als durch Mult bestimmt worden sein kann."
[5] Vgl. MOMMSEN, St. R. II, 1 S. 493. Für *stuprum* der Frauen: Liv. 10, 31, 9 zum Jahr 295 v. Chr. und Liv. 25, 2, 9 zum Jahr 213 v. Chr. (MOMMSEN a. a. O. Anm. 3). Für *stuprum* der Männer: MOMMSEN Anm. 4. Vgl. auch REIN a. a. O. S 864 Anm. *.
[6] MOMMSEN, St. R. II, 1 S. 324. Er führt S. 325 Anm. 1 den Nachweis, dass auch die Paederastie, gegen welche die Tribunen angeblich eingeschritten sein sollen, nicht ihrer Judikation unterlag. — HESCHKE will durch seine Belegstellen S. 210 Anm. 199 nur den Nachweis erbringen, dass „*stuprum* und andere Fleischesvergehen" der *perduellionis iudicatio* und *multae irrogatio* unterlagen; die Frage nach der Zuständigkeit der Tribunen oder Aedilen lässt er unentschieden.

gesetzlich durchaus unzulässig ist.[1] Ich habe mich daher mit jenen Ansichten nicht weiter zu befassen, sondern bloss mit der einzigen rationellen Lösung: entweder Mult- oder Perduellionsverfahren.

Die natürlichste und nächstliegende Erklärung ist die, dass *in eadem multae irrogatione* zurückzuziehen sei auf die vorhergenannten Vergehen, dass also die Verletzung der *pudicitia* „in dem nämlichen Bussantrag" vorgebracht wurde, wie jene Vergehen. SCHNEIDER S. 24 glaubt aber, darum, weil er nachgewiesen habe, dass die vorher genannten *crimina* im Jahre 63 nicht mehr mit einer Mult geahndet werden konnten, eine Beziehung des *eadem* auf das Vorhergehende nicht zugeben zu dürfen. Er beweist aus dem Sprachgebrauch der Juristen, dass *eadem* soviel bedeute wie *una eademque* und also „lediglich eine Zusammenfassung der Verletzung der *sua* und der Verletzung der *aliena pudicitia* enthalte." Die Möglichkeit dieser Erklärung ist zuzugeben; doch ist dieselbe bei näherem Zusehen etwas sonderbar. Das Chikanöse dieser Anklage bestünde dann nicht darin, dass Labienus überhaupt die Sittlichkeit des Rabirius in Zweifel gezogen und zum Gegenstand einer Klage gemacht hatte, sondern darin, dass er ihn zugleich der aktiven und passiven Unzucht bezichtigt hatte. Hierin liegt etwas besonders Chikanöses nicht; denn ob Rabirius sich selbst andern preisgab oder andere seiner Lust dienstbar machte, im einen wie im andern Falle war er straffällig.[2] Es hätte bei dieser Erklärung *eadem* etwas Bombastisches, Phrasenhaftes an sich. Die gewöhnliche und natürliche Erklärung ist damit noch nicht widerlegt. SCHNEIDER gibt nun zu, dass auch bei der Beschränkung der *multae irrogatio* auf die letzte Beschuldigung „immerhin ein Multprozess, wenn auch in viel kleinerem Umfange, als bis dahin angenommen wurde, übrig bleiben würde"; die Unverträglichkeit der Kapital- mit der Multklage würde trotzdem vorliegen. Da aber zudem ein Vergehen gegen die Sittlichkeit nicht tribunicischer Ahndung unterlag, ist es ganz begreiflich, dass er zu der Annahme geführt wurde, „dass Cicero auch hier von einem wirklichen Strafantrag auf Fällung einer Busse nicht spricht, dass vielmehr der Ausdruck bildlich gebraucht ist, etwa wie wir sagen: ›in Einem Atemzuge‹, oder, um im Bilde zu bleiben: ›auf Einem Bussenzeddel‹." SCHNEIDER gibt selber zu, dass seine Ansicht „wol auf den ersten Blick etwas kühn erscheinen

---

[1] Vgl. oben S. 29 f. Ich glaube hierüber hinweggehen zu dürfen, trotzdem F. LETERBACHER, Jahresber. d. phil. Ver. zu Berlin IX (1883) S. 35 und G. LANDGRAF, Bursians Jahresber. XXXV (1883) S. 34 fanden, PETSCHE habe die Möglichkeit des Nebeneinanderlaufens von Mult- und Perduellionsklage, die WIRZ gegenüber HESCHKE annahm, nicht genügend widerlegt.

[2] Es scheint nicht, dass Rabirius in diesem Punkte so aller Schuld bar gewesen sei. Der herzlich schlechte, frostige Witz, mit dem Cicero über diesen heiklen Punkt hinweghuscht, lässt den Verdacht aufkommen, dass es für ihn vielleicht schwierig gewesen wäre, die Behauptung des Gegners zu widerlegen.

dürfte", findet aber, dass sie „vom ganzen Zusammenhang der Stelle gefordert zu werden scheint, und jedenfalls geeignet sein würde, alle Schwierigkeiten derselben zu beseitigen." Ich kann hier nur wiederholen, was ich schon anderwärts[1] dagegen eingewendet habe, dass Cicero ein solches Bild nicht in dieser unvermittelten Weise, ohne irgend welche Andeutung, dass er bloss bildlich spreche, gebrauchen durfte, dass dem Römer das *in eadem multae irrogatione* als bildlicher Ausdruck im Sinne SCHNEIDERS ebensowenig verständlich war, als dem Deutschen das bildliche ›auf Einem Bussenzeddel‹.

Ich gehe jetzt noch einen Schritt weiter und behaupte, dass diese Erklärung auch mit dem Wortlaut der Stelle nicht verträglich ist. Ob wir nun *perscriptum* oder *praescriptum* lesen,[2] so verbietet doch dieser Ausdruck geradezu, an eine bloss mündlich vorgebrachte Beschuldigung zu denken mit dem Zweck, den Angeklagten in ein schlechtes Licht zu setzen.[3] Wir werden vielmehr annehmen müssen, dass dieser Punkt in einer *multae irrogatio* ausdrücklich bezeichnet war.[4]

Am einfachsten wäre es, wenn man den ciceronianischen Sprachgebrauch zur Entscheidung verwenden könnte; leider aber geben uns die andern Reden fast keinen Aufschluss. Wenn man sich auf MERGUET verlassen darf, so findet sich das Substantivum *irrogatio* bloss an dieser einen Stelle der Rabiriana, das Verbum *irrogare* an 6 Stellen,[5]

---

[1] Wochenschr. f. klass. Philol. VII (1890) Nr. 47 Sp. 1285.

[2] Ich glaube, dass mit MANUTIUS zu lesen sei *perscriptum*. KLOTZ kehrte zuerst wieder zur Lesart der Hdschr. zurück und las *praescriptum*. Es ist also unrichtig, wenn HIRSCHEK S. 515 Anm. 13 das für den Sinn sehr gut passende *perscriptum* als Lesart der Handschriften gegen ZUMPT, Kriminalrecht I, 2 S. 472 zu verteidigen glaubt. Man muss sich wundern, dass auch noch HEITLAND S. 54 keine bestimmtere Auskunft zu geben weiss als „the mss. seem to have *praescriptum*." Zu dieser Lesart ist übrigens C. F. W. MÜLLER wieder zurückgekehrt; ob mit Recht, möchte ich bezweifeln. Denn, wenn auch *praescriptio* bei Caes. b. c. 3, 32 im figürlichen Sinne, als „Vorwand", vorkommt, so lässt sich doch für *praescribere* diese Bedeutung („putting in as a pretext") nicht erweisen. Es empfiehlt sich aber die Emendation des MANUTIUS, wie PETSCHEK S. 6 Anm. 16 bemerkt, durch den bessern Sinn, „der darin liegt, wenn Cicero auf das betreffenden Punkt trotz seiner ›breiten Ausführung‹ in der Anklageschrift sich eine lange Antwort erspart."

[3] Auch G. LANDGRAF, Bursians Jahresber. LIX (1890) S. 197 f, der ebenfalls *perscriptum* liest, führt dieses Wort gegen SCHNEIDERS Erklärung an.

[4] Nach dieser Stelle dürfte vielleicht die von MOMMSEN, St. R. III, 1 S. 391 offen gelassene Frage, „ob bei Gerichtskomitien das Vorerkenntnis schriftlich abzufassen und zur Verlesung zu bringen war oder die mundliche Wiederholung desselben durch den erkennenden Magistrat genügte", im erstern Sinne entschieden werden.

[5] Von diesen 6 Stellen gehören 4 der Rede *de domo* an. Dreimal steht *irrogare* in der Verbindung *multam irrogare*, nämlich *de dom.* § 45: *ut ter ante magistratus accuset intermissa die quam multam irroget aut indicet*; ibid. § 58: *nihil praescripti, si multa irrogaretur; pro Mil.* § 36: *multam errogarat*. Zweimal findet sich die Verbindung *privilegium irrogare*, nämlich *de dom.* § 110: *cum indemnatum me exturbares privilegiis tyrannicis irrogatis* und *pro Sest.* § 65: *cum et sacratis legibus*

jedoch immer nur in eigentlichem, die in übertragenem Sinne. So spricht also schon der t. t. *multae irrogatio* stark gegen die Möglichkeit einer figürlichen Bedeutung. Es wäre SCHNEIDER dann gezwungen, *multa* selber in freierer Bedeutung zu nehmen, und hierin trifft er mit LUTERBACHER zusammen, dessen Ausführungen ihm nicht bekannt gewesen zu sein scheinen. LUTERBACHER meint,[1] „Cicero habe in § 8 den Ausdruck *multae irrogatio* nicht in seiner strengen Bedeutung [Antrag auf Geldstrafe], sondern in einem freiern Sinne gebraucht [= Strafantrag, Anklageakte] und unter *multa* das Exil verstanden." Ja, wenn sich das nur erweisen liesse! Wenn *multare* in dieser freiern Bedeutung gebraucht wird,[2] so ist deswegen noch nicht erwiesen, dass der juristische t. t. *multae irrogatio* in freierem, figürlichem Sinne gebraucht werden könne.[3] Wie sehr diese Stelle die Verteidiger des Perduellionsverfahrens in Verlegenheit bringt, zeigt besonders die neueste Besprechung durch LANDGRAF,[4] der zugeben muss, dass der Ausdruck „wortwörtlich genommen allerdings nur auf eine Multklage zu deuten scheint." Aber selbst wenn wir zugeben wollten, dass *multa* die freiere Bedeutung von Exil haben könnte, so wäre immer noch eine figürliche Anwendung vorhanden: von einer „*exilii irrogatio*" in bildlichem Sinne zu reden, ist aber m. E. noch weniger möglich, als *multae irrogatio* bildlich aufzufassen.

So wird die Erklärung von SCHNEIDER durch seine beiden Rezensenten, LUTERBACHER und LANDGRAF, die ihm sonst, als Anhänger der sog. vorniebuhrischen Ansicht, im grossen Ganzen zustimmen, widerlegt; ihre eigene, resp. LUTERBACHERS Erklärung ist aber entschieden unmöglich. Darum kommt man, wenn man nicht zu gewaltsamen Mitteln greifen will, über die Multklage nicht hinweg. Da aber nur die Alternative bleibt, Mult oder Perduellion, jene erstere sich uns aber aufzwingt, so bleibt kein anderer Ausweg, als anzunehmen, dass alle vorher genannten Vergehen wie auch das

et XII tabulis sanctum esset, ut ne cui privilegium irrogari liceret. Im gleichen Sinne steht *legem irrogare* einmal *de dom.* § 43: *relatis legis sacratae, relatis XII tabulae leges privatis hominibus irrogari.*

[1] Jahresber. d. phil. Ver. zu Berlin IX (1883) S. 35. Ihm hat sich rückhaltlos angeschlossen G. LANDGRAF in Bursians Jahresber. XXXV (1883) S. 35 und IJX (1890) S. 197 f. —
[2] LUTERBACHER verweist auf *Nep. Arist.* 1, 2; *exilio decem annorum multatus est* und auf *Cic. pro Caecin.* § 100. Wie wenig die letztere Stelle beweist, zeigt deren Besprechung im Anhang II.
[3] Dass die Bezeichnung des Prozesses als *multae irrogatio* nicht hervorgerufen sein könne durch die Worte von § 16: *miseru multatio bonorum*, wie LUTERBACHER, Jahresber. d. phil. Ver. zu Berlin XVII (1891) S. 11 behauptet, habe ich schon oben S. 25 Anm. 2 heiläufig erwähnt. Uebrigens hat er selber in seinem früheren Jahresberichte IX (1883) S. 35 diese Stelle noch nicht dafür zitirt. Die Erklärung von SCHNEIDER widerlegt er kurz damit, dass er sagt: „nicht aber darf in § 8 den Worten *in eadem multae irrogatione* mit SCHNEIDER der in den Zusammenhang nicht passende Sinn beigelegt werden ‚in Einem Atemzug‘".
[4] Bursians Jahresberichte Bd. LIX (1890) S. 197 f.

Sittlichkeitsvergehen den Gegenstand einer Multklage bildeten, dass aber zugleich in diese als Hauptverbrechen die *ne.s Saturnini* eingeschlossen war. So sehr auch Wirz die Möglichkeit bestreitet, dass grammatikalisch *eadem* sich auf etwas beziehen könne, was erst im Folgenden genannt sei, so ist doch diese Beziehung notwendig, weil sie allein die *altera pars* (§ 9) erklärt, und gar nicht so hart, da ja die Scheidung der eingeklagten Verbrechen in zwei Teile durch den Redner schon vorher vollzogen war.[1]

Und ist nun diese Annahme wirklich etwas so Ungeheuerliches? Hat die Annahme einer Multklage so viel Unwahrscheinliches gegen sich, die Annahme des Perduellionsverfahrens so viel für sich? In der Hinsicht dürfen wir uns ja durchaus keiner Täuschung hingeben, dass wir in jedem Fall etwas Ausserordentliches haben im Prozessverfahren; denn wir befinden uns in einer Zeit, wo augenscheinlich das Volksgericht seine Bedeutung schon gänzlich verloren hat. Der letzte Multprozess, von dem wir bestimmte Kunde haben, fällt ins Jahr 104 v. Chr.;[2] die letzte tribunicische Perduellionsklage wahrscheinlich etwa in dieselbe Zeit.[3] Ob wir nun annehmen, der Volkstribun Labienus habe die eine oder die andere Form der Klage gewählt, nachdem das duumvirale Perduellionsverfahren fehlgeschlagen hatte, so macht das nicht viel aus. Das wird man doch nicht leugnen wollen, dass nach früherer Auffassung die dem Rabirius zur Last gelegten Verbrechen Gegenstand einer *multae irrogatio* sein konnten; der Nachweis, dass sie im Jahr 63 einer andern Judikation zu unterliegen pflegten, beweist also am Ende kaum etwas. War aber einmal die Multklage angehoben wegen der *nes Saturnini*, so lag es nahe, auch noch andere Vergehen, die früher in gleicher Weise geahndet wurden, mitherbeizuziehen, um eine desto empfindlichere Strafe gegen Rabirius zu erwirken.

Um nun über den Verlauf des ganzen Prozesses zu grösserer Klarheit zu kommen, müssen wir vor allem den Ausdruck *iudicium sublatum* in § 10 erklären, einen Ausdruck, mit dem Labienus eine gewisse Tätigkeit Ciceros im Prozesse des Rabirius zu bezeichnen pflegte: *Nam de perduellionis iudicio, quod a me sublatum esse criminari soles, meum crimen est, non Rabiri* (§ 10), womit zu verbinden ist: *Quam ob rem fateor atque etiam, Labiene, profiteor et prae me fero te ex illa crudeli, importuna, non tribunicia actione, sed regia, meo consilio, virtute, auctoritate esse depulsum.*

---
[1] Näher ausgeführt ist das im folgenden Abschnitt.
[2] Vgl. *Ascon. in Cic. pro Scaur.* p. 21; doch vergl auch unten den Schluss der Tabelle zu Anhang II.
[3] Ich meine den Prozess des C. Popilius Laenas vom Jahr 106 v. Chr., den *Cic. de leg.* III, 16 ausdrücklich als Klage *perduellionis* bezeichnet (Vgl Zumpt, Kriminalrecht I, 2 S. 318 f). Für den Prozess des C. Memmius, des Beschützers des Dichters Lucretius (vom Jahre 66 v. Chr.), den Zumpt a. a. O. S. 355 gerne als tribunicischen Perduellionsprozess fassen möchte, ist, wie er selbst zugibt, weder die *perduellio* noch das Volksgericht bezeugt und beides mir wenig wahrscheinlich. Vgl. auch Heineke S. 283 Anm. 104.

Wirz, dessen Ansicht hier ebenfalls referirt werden soll, hat sich über die Erklärung dieser Worte nicht näher ausgelassen. Da, wo er den Hergang des Prozesses erzählt (S. 183), sagt er: „diese Prozedur (das Duumviralverfahren) wurde durch Ciceros Bemühen beseitigt" und erklärt diese Beseitigung dann S. 200 deutlicher folgendermassen: „Jetzt aber (d. h. nachdem der Duumvir sein Schuldig gesprochen hatte) legte sich auf Ciceros Betreiben der Senat ins Mittel; er hob die verfassungswidrig zu Stande gekommene Prozedur auf und verhinderte so auch die Provokationsverhandlung vor dem Volke". So wird durch das Auftreten Ciceros erreicht, was nach der gewöhnlichen Ansicht das gewalttätige Vorgehen des Metellus Celer erzielte und dieses selber dann an das Ende des neuen, tribunicischen Perduellionsprozesses verschoben. Labienus verzichtete dann darauf, wie Dio berichtet, die Klage weiter zu leiten.

Gegen diese Erklärung[1] wendet Schneider S. 34 mit Recht ein, dass für das Aufheben eines Urteilsspruches eher *sententiam esse sublatam* gesagt würde. Die Annahme einer Kassation des Spruches des Duumvirn durch den Senat[2] kann Schneider aber auch deswegen nicht zugeben, weil nach seiner Auffassung keine Verfassungswidrigkeit darin lag, dass der Praetor und nicht das Volk die Duumvirn ernannt hatte. Ich kann dieses Argument nicht verwenden, da sich diese Annahme Schneiders, wie ich im „Anhang I" gezeigt habe, als irrig erweist. Ebensowenig vermag ich ihm, wie gleich zu zeigen ist, beizustimmen in seinen Zweifeln, ob der Senat überhaupt die Kompetenz gehabt habe, einen Spruch des Duumvirn aufzuheben oder die Form einer Anklage wesentlich zu modifiziren. Der Senat wirkt in diesem Falle eben nicht judiziell sondern legislativ, wie Petsche S. 13 Anm. 25 mit Recht betont.

Es handelt sich aber gar nicht um die Modifikation einer schon angehobenen Anklage, sondern um die Aufhebung des Verfahrens, bevor überhaupt der Duumvir in Funktion tritt. Darüber, glaube ich, dürfte man einig sein, dass *indicium sublatum* entweder die Aufhebung eines schwebenden Verfahrens oder Aufhebung einer besondern Art von Verfahren ist, das noch gar nicht angehoben worden ist. Dass aber der Senat in der Tat sich ins Mittel gelegt habe, ist keineswegs zu bezweifeln. Aus den abgerissenen Worten des Palimpsests in § 32: *Itaque non senatus in ea causa me agente diligentior[3] aut inclementior fuit quum vos universi, cum orbis terrae distribu-*

---

[1] Diejenigen von Orelli und Drumann darf ich hier übergehen, da Petsche S. 11 f. und Schneider S. 34 f. dieselben genügend widerlegt haben.

[2] Vertreten wird dieselbe von Niebuhr S. 70 und Anm. zu *causa* (§ 32), Ruhno S. 313 Anm 1, Peter, Gesch. Roms III² S. 195 und Insr, Röm. Gesch. VI S. 232 Anm. 4.

[3] So ist mit Niebuhr hier unbedingt das *diligenter* des Palimpsests zu verbessern. Da der Satz doch offenbar für sich abgeschlossen ist, liesse sich *diligenter* gar nicht erklären, während *diligentior* im Sinne von „haushälterisch", „sparsam" recht gut in den Zusammenhang hineinpasst So auch Lattermacher, Jahresber. des phil. Ver. IX (1883) S. 39. Dies gegenüber den Zweifeln an der Richtigkeit

tionem atque illum ipsum agrum Campanum animis, manibus, vocibus re[pudiavistis]
ist das freilich nicht zu erschliessen, denn es lässt sich nicht beweisen, dass dieselben
auf die Tätigkeit des Senates im Falle des Rabirius Bezug haben. Vielmehr hat die
Vermutung von Petsche, dass diese Stelle einen Vorwurf parire, den Labienus dem
Cicero gemacht habe wegen eines von ihm veranlassten Senatsbeschlusses bezüglich
der *lex Servilia agraria*, vieles für sich.[1]

Dass jedoch der Senat vor Wiedereinführung des uralten, längst ausser Gebrauch
gekommenen [2] Perduellionsverfahrens eifrig debattirt habe über die Bestellung der
Duovirn, sagt *Dio Cassius* 37, 27 ausdrücklich: σπουδαί τε οὖν ταραχώδεις καὶ φιλο-
νεικίαι ἀφ᾽ ἑκατέρων περί τε τοῦ δικαστηρίου, τῶν μὲν ὅπως μὴ συναχθῇ, τῶν δὲ ἵνα
καθιζήσῃ δικασόντων. Nach dem Wortlaut dieser Stelle kann sich der Streit nur
darum gedreht haben, ob man überhaupt Duovirn bestellen wolle oder nicht; es kann
also nicht die Zulässigkeit der Klage im allgemeinen, sondern es muss die besondere
Klageform (duumvirale Perduellion) bestritten gewesen sein.[3] Es ist aber, zumal da
ein Plebiscit zur Ernennung der Duovirn nötig war, wie „Anhang I" beweisen soll,
die Kompetenz des Senates, hier einzugreifen, durchaus nicht zu bezweifeln.[4] Man
lese nur, was Mommsen, St. R. III, 1 S. 363 ff. und S. 367 über die Nomophylakie
des Senates sagt. Der Senat hatte ja geradezu das Recht, ein Gesetz zu abrogiren
(S. 366 Anm. 3) und bildete „für die Gültigkeit oder Ungültigkeit der Volksschlüsse
die letzte Instanz" (S. 367), indem er so in gewissem Sinne die alte *patrum auctoritas*
wiederaufnahm. Als Resultat von Mommsens Untersuchungen ergibt sich: „die Nichtigkeit
eines als Volksschluss auftretenden Akts zu konstatiren, war der Senat durch seine
Stellung im Gemeinwesen nicht ausschliesslich, aber vorzugsweise berufen" (S. 368).
Bestimmtes lässt sich bei unserer mangelhaften Kenntnis des Volksgerichtes nicht

---

von Nipperus Emendation, die Petsche S. 12 Anm. 21 erhob und, wie es scheint, auch Schneider S. 34
und Anm. 95 S. 49 unterstützt. Huschke S. 525 Anm. 23 erwartet statt *diligentior* einen den Senat
tadelnden Ausdruck.

[1] Nur bei dieser Annahme ist die Erwähnung des *ager Campanus* befriedigend zu erklären.
Dass aber deswegen nicht der ganze von Nipperus gefundene Schluss der *Rabiriana* abzusprechen
sei, wie Jon. Schmidt behauptet, habe ich „Anhang IV" gezeigt.

[2] Eigentlich aufgehoben hatte allerdings Sulla die Kriminalgerichtsbarkeit der Komitien nicht;
aber er hatte doch tatsächlich die *quaestiones perpetuae* eingeführt. Vgl. Mommsen, Röm. Gesch. II S. 359;
III S. 169. Vom Standpunkt des formalen Rechts aus war die Wiederaufnahme der duumviralen Perduellion
zulässig, da sie nie gesetzlich abgeschafft wurde. Vergl. Mommsen, St. R. II. 1 S. 618 und Schneider S. 10.

[3] Die angeführten Worte des Dio zu beziehen auf eine Diskussion, „auf Meinungsäusserungen
der das *ius sententiae* Ausübenden und die schliessliche Abstimmung im Senate" in dem Sinne, wie
Schneider S. 13 es möchte, scheint mir unzulässig. Vgl. „Anhang I."

[4] Mommsen, Röm. Gesch. III S. 170: „Nicht ungern liess man es geschehen, dass zunächst die
Form der Anklage vom Senat wesentlich gemildert wurde" wird Recht behalten trotz Mérimée S 283
Anm. unter 2 und Schneider S. 34.

sagen; doch ist soviel sicher, dass Zeugnisse dafür vorliegen, dass der Senat befragt wurde vor dem Anstellen von Kapitalanklagen bei den Centurien.[1] Der Ausdruck *iudicium sublatum* braucht aber durchaus nicht auf eine völlige Beseitigung des Perduellionsverfahrens bezogen zu werden, sondern war auch zulässig, wenn es sich nur um eine wesentliche Modifikation der grausamen königlichen Perduellion handelte. Darauf scheint mir auch die Art, wie derselbe in die Stelle der Rabiriana eingekleidet ist, zu führen; es ist eine Uebertreibung von Seiten des Labienus, daher das *criminari soles*. Diese Worte beweisen nicht, dass Labienus wiederholt „in den Contionen" (SCHNEIDER S. 35) diese Aeusserung getan habe, sondern sind auch verständlich, wenn Labienus sich gesprächsweise so äusserte, nachdem Cicero jene Milderung des Verfahrens durch den Senat erlangt hatte, und dann den Vorwurf bei den Anquisitionsterminen wiederholte. Diese Worte können also nicht beweisen, dass die Aufhebung des speziellen Verfahrens in den Contionen selber stattgefunden habe. Vielmehr wurde dasselbe aufgehoben durch den Senat; zu dieser Annahme zwingt uns die Stelle des Dio,[2] die sonst unerklärt bleiben muss.

In der Erklärung des *iudicium sublatum* als einer blossen Modifikation des Verfahrens schliesse ich mich also der herrschenden Meinung an.[3] Wenn auch allenfalls die Worte an und für sich die von SCHNEIDER S. 36 gewollte Beziehung haben könnten, dass Cicero bei der Provokationsverhandlung vor den Centuriatkomitien für den Verurteilten gesprochen, dem Volke das Ungeheuerliche des Duumviralverfahrens vor Augen gestellt und so dasselbe veranlasst habe zur Aufhebung des Spruches des Duumvirn,[4] so bleibt doch dabei jene Stelle des Dio unerklärt, wie dann auch anderseits zu zeigen wäre, warum Dio bei seinem sonst so ausführlichen Bericht diese Provokationsverhandlung übergangen habe.

Ich wiederhole noch, dass wenn auch *iudicium sublatum* gewiss auf eine völlige Beseitigung des Verfahrens gehen kann,[5] darunter doch recht wol bloss wesentliche Modifikationen verstanden werden können, die der Senat auf Ciceros Bemühen anbrachte. Denn auch bei anderer Gelegenheit hatte dieser sich mit solchen Fragen zu beschäftigen gehabt: Als Verres bei seiner Praetur in Sizilien (74 v. Chr.) einen gewissen Q. Opimius

---
[1] MOMMSEN, St. R. III, 2 S. 1044 Anm. 2
[2] Die Richtigkeit der Beziehung dieser Stelle auf Verhandlungen im Senate gibt auch SCHNEIDER S. 37 zu; nur denkt er sich die behandelte Materie anders als ich. Darin stimme ich ihm aber bei, dass diese Verhandlungen vor dem Spruch des Duumvirn stattfanden.
[3] Vertreten wird dieselbe ausser von WIRZ und MOMMSEN auch von NIEBUHR S. 69, RUBINO S. 312 f., ZUMPT, Kriminalrecht I, 2 S. 391 f., PETRI III, 195 und HUSCHKE S. 524 f. und S. 528 Anm. 30.
[4] Diese Möglichkeit nimmt also SCHNEIDER S. 36 an, trotzdem er S. 31 gesagt hat, die Aufhebung eines Urteilsspruches würde wohl eher mit *sententiam sublatam* bezeichnet worden sein. Vergl. oben S. 45.
[5] Etwa in der Weise, wie es heisst bei Cic. pro Sest. § 85: *non modo nulla nova quaestio, sed etiam cetera iudicia sublata*. Vgl. HALM zu dieser Stelle.

zu einer so hohen Geldstrafe verurteilte, dass der Mann um Hab und Gut gebracht wurde, entstand eine solche Erregung im Senate, dass man daran dachte, mit diesem ganzen Multverfahren aufzuräumen. Die Worte bei *Cic. in Verr.* I § 156: *cuius propter indignitatem saepissime est actum in senatu, ut genus hoc totum multarum atque eiusmodi iudiciorum tolleretur* können nach den plausibeln Auseinandersetzungen von Huschke[1] nicht gehen auf eine völlige Beseitigung des Multverfahrens überhaupt, das bei gesetzlich fixierter Mult damals noch vielfach zur Anwendung kam, sondern bloss auf eine Beseitigung des speziellen Verfahrens der rekuperatorischen Mult.

Dass nun in der Tat Cicero Modifikationen genug an der grausamen königlichen Perduellion, auf deren Wiedereinführung es die caesarische Partei abgesehen hatte, anbringen konnte, zeigt ein Blick auf dieses uralte Verfahren mit der *lex horrendi carminis*, dem *carnifex*, der *crux*, den *vincla* und *flagella*.[2] Allerdings war dieses Verfahren im Laufe der Zeit, bis man zur tribunicischen Perduellion gelangte, schon vielfach modifizirt und gemildert worden;[3] jedoch sah sich Cicero doch gezwungen, gegen das alte Verfahren, wie es einst gegen den Horatier in Anwendung gekommen war, aufs neue anzukämpfen. Er bedauert hiebei nur, dass er nicht der erste oder überhaupt der einzige sei, der den Ruhm für sich in Anspruch nehmen könne, diese Grausamkeiten beseitigt zu haben.[4] Während Schneider S. 35 den Redner ausrufen lässt: *Utinam id ex hac re publica sustulissem!* ruft er tatsächlich aus: *Quodutinam, Quirites, ego id aut primus aut solus ex hac re publica sustulissem!*

---

[1] Die Multa und das Sacramentum S. 263 Anm. 45.

[2] Ich muss mir leider versagen auf diese alte Art der Bestrafung, zu der Grimm, Deutsche Rechtsalt.[?] S. 682 f. so interessante Parallelen beibringt, einzutreten. Ich will hier nur betonen, dass keiner der Neuern diesen Fragen so genau nachgegangen ist wie Göttling, Gesch. der röm Staatsverfassung S. 157 ff. — Für die *lex horrendi carminis* ist noch besonders zu verweisen auf Brunn, Untersuchungen S. 472 Anm. 1 und die Polemik gegen ihn bei Zumpt, Kriminalrecht I, 1 S. 94 f. und S 119 Anm. 56. Die Altertümlichkeit der Formeln, z. B. des *CAPVT OBNVBITO*, die auf der Hand liegt, lässt sich mit Hülfe von Madvig hübsch beleuchten durch den klassischen Sprachgebrauch

[3] Darauf bezieht sich z. B. *pro Rab.* 13: »*CAPVT OBNVBITO, ARBORI INFELICI SVSPENDITO*«, *quae verba, Quirites, iam pridem non solum tenebris vetustatis, verum etiam hac libertatis oppressa sunt.*

[4] Auch in der Bestrafung hatte Caesar etwas Ausserordentliches gewollt, nämlich Kreuzigung, wie auch Schneider S. 17 zugibt. Diese Strafe passt aber gar nicht zu einem gewöhnlichen tribunicischen Kapitalprozess. Schneider meint, die Art der Hinrichtung habe, als nicht wesentlich, gewechselt. Dem ist entgegenzuhalten, dass im tribunicischen Kapitalprozess immer das Herabstürzen vom Burgfelsen als Strafe verhängt wurde, und zwar noch in der marianischen Zeit (*Vell.* II, 24) und sogar in der Kaiserzeit (*Dio* 58, 15; 60, 18). Vgl. Mommsen, St. R. I, 1 S. 146 Anm. 3. So sehr war diese Bestrafung wesentlich, dass nach jenen Stellen des *Dio* bei Verbrechen gegen den Kaiser, also gegen die tribunicische Gewalt, die ja sonst ganz bedeutungslos gewordenen Tribunen den Konsuln assistiren bei der Vollstreckung solcher Todesurteile *(devere de saxo)*. Vgl. Mommsen, St. R. II, 1 S. 326 Anm. 5.

Wenn dann weiterhin SCHNEIDER die oben S. 44 ausgeschriebenen Worte des § 17 in der Weise ausdeutet, dass ja nicht der Senat, sondern Cicero selber *(suo) consilio, virtute, auctoritate* das Verfahren aufgehoben habe, so sind diese Worte doch gewiss auch voll und ganz berechtigt, wenn Cicero im Senate mit aller Energie auf Beseitigung jener Grausamkeiten drang. Daraus vollends, dass der Redner sich rühmt § 17: *Quam ob rem fateor..., Labiene,....te ex illa crudeli... actione ... meo consilio, virtute, auctoritate esse depulsum*, darf nicht geschlossen werden, Cicero habe bei der Provokationsverhandlung gegenüber dem Duumvir Caesar diesen Sieg errungen und so den Labienus von der Anstellung einer duumviralen Perduellionsklage ausgeschlossen, sondern es geht diese Stelle darauf, dass er durch sein energisches Auftreten im Senat den Labienus direkt gehindert habe, eine Klage nach der grausamen alten Weise anzuheben. Dass diese Worte auf eine Provokationsverhandlung vor dem Volke zu beziehen seien, scheint mir, wenn nicht geradezu unmöglich, so doch höchst unwahrscheinlich.

Auf diese Weise aber bekommen wir, zumal, wenn wir aus der Stelle des *Sueton (Caes.* 12) nicht soviel herauszulesen vermögen wie SCHNEIDER S. 37, vom Verlauf des ganzen Prozesses in seinen verschiedenen Stadien ein wesentlich anderes Bild als das von SCHNEIDER S. 43—45 gezeichnete ist. Dieses Bild zu entwerfen und mit den Quellen in Einklang zu bringen, ist Aufgabe des folgenden Abschnittes.

4. Der Prozessgang bei der Annahme des Multverfahrens.

Aus der Nachprüfung der bisherigen Lösungsversuche dürfte sich ergeben haben, dass die meisten Argumente der Gegner des Multverfahrens entweder an sich oder wegen der Widersprüche, in denen sie zu andern Stellen der Rede und der Quellen stehen, als hinfällig zu betrachten sind. Für das Multverfahren aber bleiben immer noch eine Anzahl Gründe vorhanden, die durch die bisherigen Betrachtungen nicht nur nicht erschüttert, sondern, wie ich hoffe, noch beweiskräftiger geworden sind. Zunächst sollen diese im Zusammenhang dargestellt werden, nachdem sie durch die Disposition meiner Untersuchung notwendig auseinandergerissen worden sind.

Den ersten Anstoss, ein Multverfahren anzunehmen, bot NIEBUHR der neu aufgefundene Schluss der Rede, weil danach nicht die gewöhnliche Strafe der Perduellion, Herabstürzen vom Tarpejischen Felsen, sondern Exil und Infamie dem Beklagten drohten (Vgl. oben S. 14). Da jedoch auch hier eine Milderung der Strafe hätte eintreten können, und zudem WIRZ S. 191 f. und SCHNEIDER S. 31 f. erwiesen haben, dass die genannten Strafen mit der tribunicischen Perduellion vereinbar seien, so kann ich die Beweiskraft der *peroratio* für die Mult nicht zugeben, wenn ich auch anderseits nicht finde, dass sie gegen die Mult spreche.[1]

Ebensowenig kann ich Argument 3 von HUSCHKE (Vgl. oben S. 18) als beweiskräftig anerkennen, denn die Worte *iudicium sublatum* (§ 10) beweisen, wie die Ausführungen des vorigen Abschnittes zeigen, nicht, dass der Perduellionsprozess überhaupt schon beseitigt war, sondern bezeugen bloss die Beseitigung, resp. Modifizirung des alten königlichen Verfahrens. Dieser Ausdruck ergibt uns nur einen Anhalt, den Verlauf des ganzen Prozesses zu bestimmen.

Dass die Worte *in rostra atque in contionem* (§ 25), die bei HUSCHKE als Argument 5 erscheinen, nicht für Tributkomitien, also Multklage sprechen, habe ich S. 18 f. gezeigt.

Da Punkt 4 von HUSCHKE (Vgl. oben S. 18) bloss einen Einwand von ORELLI widerlegt, bleiben von den von ihm verwendeten Argumenten nur noch drei übrig, die aber bedeutungsvoll genug sind, um uns zu veranlassen, die Multklage zu behaupten.

Als Hauptstützpunkt[2] bleibt bestehen die *multae irrogatio* (§ 8), über welche ich S. 16 f. eine kurze Andeutung gemacht und dann S. 34—40 mich ausführlicher verbreitet habe. Will man, wie der Wortlaut es verlangt, für die kleineren *crimina* die Multklage zugeben, oder am Ende auch bloss für das Sittlichkeitsvergehen, daneben aber für die *nex Saturnini* die Perduellion behaupten, so erhält man die prozessualistische Unmöglichkeit eines Nebeneinanderlaufens von Mult- und Kapitalklage (Vgl. oben S. 30). Die einzig konsequente Auslegung von SCHNEIDER, dass nur Perduellion vorliege und *in eadem multae irrogatione* als bildlicher Ausdruck zu fassen sei, glaubte ich nicht zugeben zu dürfen.

Wenn SCHNEIDER S. 25 findet, „dass diese im Vergleich zu allem Uebrigen geringfügige [d. h. bloss auf das Sittlichkeitsvergehen sich erstreckende] *multae irrogatio*, wenn buchstäblich genommen, ganz seltsam zwischen den andern Zulagen dasteht, in den Zusammenhang gar nicht passt", so ist dem gegenüber zu betonen, dass er und WIRZ denjenigen Ausdruck, der uns zwingt, die Erwähnung der *multae irrogatio* nicht als eine bloss beiläufige Bemerkung aufzufassen, gar nicht erklären und auch nicht zu erklären vermögen: die Worte *illa altera pars* (§ 9). Es besteht, wie ich glaube, gar kein Gegensatz zwischen dem Hauptteil der Rede, der von der *nex Saturnini* handelt, und jenen andern Vergehen; sondern Cicero bezeichnet seine Auseinandersetzungen über die Tötung des Saturninus als *illa altera pars*. Er hatte guten Grund, den gewichtigsten Klagepunkt, der vor allem auch eine politische Bedeutung hatte,

---

[1] Damit fällt Argument 2 von HUSCHKE. Vgl. oben S. 17. Ich habe S. 21 angedeutet, dass ich bezüglich der *peroratio* auf dem Standpunkt von PETSCHE stehe und das S. 24—29 näher ausgeführt.

[2] Dass hiebei der Titel der Rede, ohne dass man Gewalt anwendet, zu ändern ist, habe ich S. 22—24 gezeigt. Hier sei auch wiederholt, dass ich glaube, Cicero habe die Rede im Endtermin gehalten (S. 31—33).

in einem besondern Teil seiner Verteidigung zu behandeln und sich darüber ausführlicher als über die andern, gehässigen Anklagen zu verbreiten. Der Gegensatz ist also für Cicero nicht derjenige von *multae irrogatio* gegenüber irgend einer andern Klageform, sondern der des einzig wichtigen Punktes gegenüber den geringfügigeren vorhergehenden. Für ihn liegt der Unterschied nicht in der Klageform, sondern in der Bedeutsamkeit, resp. Unbedeutsamkeit der einzelnen Klagepunkte, zu denen die *nex Saturnini* eben auch gehört. In diesem Zusammenhang aber ist die Beziehung von *eadem*, wie ich schon S. 4 betont habe, auch auf das Folgende möglich, weil der Redner schon in § 6 seine Disposition angegeben hat.

Wie sollen aber bei der Annahme von WIRZ und SCHNEIDER die Worte *illam alteram partem* erklärt werden? WIRZ beruft sich S. 184 einfach auf DRUMANN III S. 161 Anm. 3, erklärt aber damit den Ausdruck nicht, SCHNEIDER geht der Erklärung ganz aus dem Wege. Jene Worte können doch bloss heissen, jener zweite Teil, nämlich der Anklage, resp. Verteidigung, wie ich sie mir zurecht gelegt habe. Nun aber scheidet Cicero § 6[1] deutlich zwischen dem, wogegen er seinen Klienten verteidigt als *patronus*, und dem, worüber er sich als Konsul beklagt. Nun liegt doch gewiss das letztere ausserhalb des Falles und nicht das erstere, die eigentliche Verteidigung. Dem entsprechend sagt er denn auch § 9 mit Genugtuung: *ad haec crimina, quae patroni diligentiam desiderant, intellegis mihi semihoram istam nimium longam fuisse*. Diese Fakta waren eingeklagt, denn sie zu widerlegen war seine Pflicht als Verteidiger. Dass aber Cicero so leicht darüber hinwegkommen konnte, liegt einerseits darin, dass es hier wirklich nicht viel zu widerlegen gab, anderseits darin, dass ja soeben Hortensius die eigentliche Verteidigung mit aller Ausführlichkeit gehalten hatte. Cicero musste danach trachten, möglichst rasch auf das politische Gebiet zu kommen, um als Konsul den Hieb, den die caesarische Partei dem Senat versetzen wollte, wirksam zu pariren. Man müsste, um mich hier eines Ausdruckes der gegnerischen Ansicht zu bedienen, verzweifeln an der Fähigkeit Ciceros, seine Rede ordentlich zu disponiren und über die Punkte zu reden, über welche zu reden seine Pflicht war, wenn er, falls keine Mult vorläge und die in den §§ 7—8 genannten Verbrechen nicht eingeklagt wären, in dieser, wenn auch kurzen so doch energischen Weise darüber reden würde, wenn er als seine Aufgabe als Anwalt (*patronus*) bezeichnen würde über Dinge zu reden, die gar nicht in der Klage standen.

Als Unterstützung kommt dazu Argument 7 von HESCHKE (Vergl. oben S. 20), dass, falls in dieser Rede wirklich eine Verteidigung gegen eine Klage auf Perduellion vorläge, Cicero seine Rede sonderbar disponirt hätte, wenn er nicht vom Ungeheuerlichen des Verfahrens ausgegangen und am Schluss dazu zurückgekehrt wäre.

---

[1] *Quamquam in hac praescriptione semihorae patroni mihi partis reliquisti, consulis ademisti, propterea quod ad defendendum prope modum satis erit hoc mihi temporis, ad conquerendum parum.*

Von allerhöchster Bedeutung ist der Umstand, dass in der ganzen Rede Labienus nicht bloss, wie oben S. 19 gezeigt wurde, Ankläger, sondern zugleich Vorsitzender der Komitien ist, in welchen Cicero seine Rede hält. Nur als Vorsitzender konnte er selbstverständlich jene Beschränkung der Zeit zum Reden eintreten lassen.[1] Es sind daher alle jene Versuche, welche den Metellus Celer oder sonst einen Praetor zum Vorsitzenden derjenigen Komitien machen wollen, in denen Cicero seine Rede hält, als mit unserer Rede unvereinbar abzuweisen.[2] Es kann aber bloss der Volkstribun Labienus den Vorsitz geführt haben; dann können aber bloss Tributkomitien vorliegen, also auch keine Perduellionsklage, die als Kapitalklage vor die Centuriatkomitien gehört. Schneider ist auch hier konsequenter verfahren als seine Vorgänger; aber dass „am Ende des 7. Jahrhunderts" (tatsächlich befinden wir uns noch in der ersten Hälfte) die Volkstribunen eigene Auspizien gehabt und demnach Centuriatkomitien hätten leiten können, hat er nicht erwiesen. (Vergl. unten Anhang III.)

Den Verlauf des Prozesses erzähle ich nun folgendermassen:[3]

Gegen C. Rabirius erhob auf Betreiben des C. Julius Caesar im Jahre 63 v. Chr. der Volkstribun T. Labienus wegen Tötung des Saturninus Klage, wahrscheinlich beim *praetor urbanus* Q. Metellus Celer.[4] Die Anklage lautete nach dem übereinstimmenden Zeugnis der Schriftsteller auf *perduellio*. Da Labienus den Weg gewöhnlicher Beurteilung nicht einschlagen wollte, brachte er ein Plebiscit durch, um die Bestellung von Duovirn für Perduellion zu erwirken.[5] Darauf wurde im Senat lebhaft debattirt, wie Dio berichtet: man stritt darüber, ob man überhaupt ein solches Gericht (δικαστήριον) einsetzen wolle oder nicht. Die caesarische Partei drang in der Hauptsache durch; jedoch wurde an dem uralten Verfahren, das Labienus einführen wollte, vom Senate namentlich in der Art der Bestrafung eine Anzahl nicht unwesentlicher Modifikationen angebracht.[6] Da

---

[1] Dass diese auf dem *imperium* des vorsitzenden Magistrats beruhende Limitation keinen Grund abgeben kann für die Verlegung der Rede auf den dritten Anquisitionstermin, ist S. 31 f. bemerkt worden.

[2] Vgl. darüber Schneider S. 41.

[3] Die älteren Konstruktionen von Niebuhr, Rubino und Zumpt sind in Kürze dargestellt von Winz S. 177 f. — Meine Darstellung stimmt bis auf einige Einzelheiten mit derjenigen von Brücker, Lange und Mommsen (vergl. oben S. 16 Anm. 2), besonders aber mit derjenigen von Heinze, dessen Resultate bei Winz S. 180 f. hübsch zusammengefasst sind. Vergl. auch oben S. 13 und 20.

[4] So z. B. Winz S. 197 Anm. 18. — Schneider S. 44 nimmt im Anschluss an Voigt, XII Tafeln II S. 839 an, dass L. Valerius Flaccus *praetor urbanus* gewesen sei. Damit, dass er im folgenden Jahr *propraetor Asiae* war, ist das nicht erwiesen. Lütebbacher, Jahresber. d. phil. Ver. XVII (1891) S. 11 schliesst aus Cic. pro Flacc. § 6 *praeturae* (nicht *praeturae urbanae*) *iurisdictio* wohl mit Recht, dass Flaccus *praetor peregrinus* gewesen sei.

[5] Vergl. hierüber unten „Anhang I."

[6] Heinze S. 522. Auch Lütebbacher, Jahresber. d phil. Ver. IX (1883) S. 36 findet es wahrscheinlich, „dass der Senat gleich von Anfang an gegen die entsetzliche Strafandrohung protestirte."

auf diese Weise Labienus gehindert wurde, das königliche Verfahren in seiner ganzen Grausamkeit durchzuführen, bezeichnete er wiederholt mit gehässiger Uebertreibung diese modifizirte Anklage als *iudicium sublatum*; er musste eben verzichten auf die ehemals so charakteristische Bestrafung. Die Duovirn wurden bestellt,[1] und es erfolgte die Verurteilung des Rabirius. Dieser provozirte an die Centuriatkomitien und wäre von denselben verurteilt worden, wenn nicht der Augur und Praetor Q. Metellus Celer, der offenbar im Einverständnis mit Cicero handelte,[2] auf das Janiculum geeilt wäre, die dort aufgehisste rote Fahne eingezogen und so die Beendigung der Abstimmung vereitelt hätte.[3] Bis dahin stimmen die Quellen überein. Aber in der von Dio geschilderten Provokationsverhandlung kann Ciceros Rede aus verschiedenen Gründen nicht gehalten sein, vor allem auch deswegen nicht, weil ja einer der Duumvirn und nicht Labienus als Ankläger erscheinen müsste.[4]

Modifikationen, die nicht zum voraus geregelt waren, sondern erst im Verlauf des Prozesses vorgenommen wurden, haben wenig Wahrscheinlichkeit für sich.

[1] Vergl. meine Ausführungen oben S. 12 f.
[2] Gegen die verkehrte Auffassung von MERIVALE I S. 72, dass Metellus mit Caesar und dessen Genossen in Verbindung gestanden und auf sein Betreiben die Fahne heruntergenommen habe, wendet LALLIER S. 275 Anm. 3 mit Recht ein, dass die am Anfang des folgenden Jahres zwischen Cicero und Metellus gewechselten Briefe (*ad div.* 5, 1 und 2) zeigen, dass der Praetor den Konsul eifrig unterstützt hatte, wenn auch Ciceros Rede gegen Metellus Nepos eine etwelche Verstimmung auf Seiten des Metellus Celer gegenüber Cicero hervorrief. Darüber, wie Cicero nach seinem Konsulate dem Metellus sich dankbar erwies, vergl. REIFF S. 286.
[3] HESCHEL S. 514.
[4] Wenn daher von LUTERBACHER, Jahresber. d. philol. Ver. IX (1883) S. 38 f, dem LANDGRAF, Bursians Jahresber. XXXV (1883) S. 35, sich angeschlossen hat, der Versuch gemacht wurde, zur alten Ansicht, dass Cicero seine Rede im duumviralen Perduellionsprozess hielt, zurückzukehren, so ist derselbe als verfehlt abzuweisen. Mit der Behauptung der „Lückenhaftigkeit der Rede", so dass vielleicht Caesar doch als Duumvir genannt gewesen sei, kommt man nicht durch. Hingegen führt jene Behauptung zu juristischen Ungeheuerlichkeiten. Cicero soll in einer *contio* auf dem Forum (nicht zu verwechseln mit den Tributkomitien), welche der Stadtpraetor Q. Metellus Celer berufen hatte, zugleich mit Hortensius den Rabirius verteidigen gegen Labienus, der „als Tribun" die Anklage führte. Hiebei hätte sich der Vorsitzende (der Freund Ciceros!) durch Labienus bestimmen lassen, „jedem Redner" (Cicero und Hortensius!) bloss eine halbe Stunde zum Sprechen einzuräumen. Nach der Contio fanden die Centuriatkomitien auf dem Marsfeld statt, wobei die Duumvirn die Anklage führten (!). Welch sonderbare Verquickung! Welch verkehrte Auffassung von der Stellung der Duovirn für Perduellion!

Ich verwahre mich dagegen, dass, wer einen solchen Prozessverlauf rekonstruirt, berechtigt sei, über die Versuche anderer, einen Verlauf zu ergründen, der mit der Rede selbst und den andern Quellenzeugnissen im Einklang steht, sich auszusprechen wie LUTERBACHER und LANDGRAF es getan haben. Ersterer sagt a. a. O. S. 38: „Die neueren Forschungen über diesen Gegenstand haben einiges Licht gebracht über staatsrechtliche Verhältnisse; dagegen haben sie gerade auf den Prozess des Rabirius ein Labyrinth von Schwierigkeiten gehäuft, aus welchem niemand den Ausgang

Es hätte nun Labienus unbedingt eine abermalige Abhaltung des Gerichts über Rabirius verlangen können, da durch die Störung der Abstimmung der Prozess nicht erledigt war.[1] Auch hätte er einen tribunicischen Perduellionsprozess anheben können, da ja das erste Mal die Verurteilung durch Duumvirn erfolgt war. Er wird aber guten Grund gehabt haben, nach der durch das Vorgehen des Metellus erreichten Umstimmung des Volkes auf einen solchen für ihn wol aussichtlosen Prozess zu verzichten; denn was als gehässig erschien, war vor allem die Klageform.[2] Darum hob Labienus eine tribunicische Multklage an, die gegenüber den andern Formen verschiedene Vorteile bot. Der Uebergang von *perduellio* zu *multa* muss nach Präzedenzfällen geradezu als feststehendes altes Recht betrachtet werden.[3]

Damit, dass ein neuer Prozess gegen Rabirius angestrengt wurde, lässt sich der Schluss des Berichtes von Dio wol vereinigen. Die Worte ἐξῆν μὲν γὰρ τῷ Λαβιήνῳ καὶ αὖθις δικάσασθαι, οὐ μέντοι ἐποίησεν αὐτό (*Dio*. 37, 28, 4) besagen bloss, dass Labienus darauf verzichtet habe die Komitien zum zweiten Mal über Rabirius entscheiden zu

---

fand. Darum überlasse man diese Hypothesenstürme *protervis in mare Creticum portare rentis*. Die alte Ansicht, welche erst Niebuhr anzweifelte, ist immer noch die natürlichste." Lange a. a. O. S. 35 sagt von der Konstruktion Lutterbachers: „Die Lösung ist so unter Berücksichtigung aller alten Zeugnisse (die von dem einen oder andern Forscher für unecht oder auf künstliche Weise erklärt wurden) eine sehr einfache und weit mehr befriedigende als jene auf einen Berg von hinfälligen Hypothesen gestützten."

Die Schwierigkeiten sind nicht gesucht und nicht erst in die Rede hineingelegt, sondern sie liegen tatsächlich vor und heischen eine Erklärung.

[1] S. den Nachweis bei Huschke S. 234 f. und S. 524. Ich habe mich oben S. 14 durch Zumpt zu der Annahme verleiten lassen, dass durch die Störung im vierten Termin „das Verfahren aufgehoben" gewesen sei. Ich bitte das zu korrigiren.

[2] Huschke S. 525.

[3] Vergl. hierüber Huschke S. 238 und 525. Hier sei besonders erinnert an den Fall des Konsuls P. Claudius Pulcher, der im Jahre 249 v. Chr. angeklagt wurde, weil er *adversus auspicia* die Seeschlacht bei Drepanum geliefert hatte. Die Volkstribunen beantragten anfänglich die Todesstrafe gegen ihn, hernach, als durch ein Unwetter die Fortsetzung der Versammlung gehindert worden war, eine Multa von 120,000 Assen, d. h. 1000 Asse für jedes der verlorenen 120 Schiffe. Ausser den Notizen bei *Cic. de nat. deor.* 2, 3, 7 ; *de divin.* 2, 33, 71 ; *Polyb.* 1, 52, 3 und *Val. Max.* 1, 4, 3 ist besonders der ausführliche Bericht der *Schol. Bob. in Cic.* p. 337 (Orelli) zu vergleichen: *Quippe antiquitus P. Claudius Appii Caeci filius primus ex isto genere Pulcher appellatus est. Hic consul apud Drapanam (sic!) adversus auspicia Poenis classe conflixit. Ea pugna Romanorum nares CXX perierunt. Ob id factum dies ei dicta perduellionis a Pullio et Fundanio tr. pl. Quum comitia eius rei fierent et centuriae introducerentur, tempestas turbida coorta est. Vitium intercessit. Postea tr. pl. intercesserunt, ne idem homines in eodem magistratu perduellionis bis eundem accusarent. Itaque actione mutata, iisdem accusantibus, multa inrogata, populus cum damnaeit aeris gravis CXX milibus.* Vergl. Mommsen, St. R. I S. 116 Anm. 2 und II, 1 S. 321 Anm. 1, sowie unten „Anhang II", wo im Anschluss an Huschke S. 525 darauf hingewiesen wird, dass die *multae irrogatio* „auch damals noch keineswegs ganz ausser Gebrauch gekommen war."

lassen, schliessen aber nicht aus, dass ein ganz neuer Prozess angestellt wurde.¹ Dio aber scheint deswegen bloss vom Perduellionsprozess zu berichten, da dieser am ganzen Handel das Auffällige und besonders Interessante war. Für den Historiker kam es ja wesentlich darauf an, die historische Bedeutung der ganzen Anklage anzugeben, in den Vordergrund trat hiebei für ihn selbstverständlich die Perduellionsklage, eine allfällige Multklage dagegen in den Hintergrund. Wir finden bei Dio, der ja auch sonst und gewiss hier nach Livius gearbeitet hat,² gelegentlich das Bestreben da, wo eine Sache nicht mehr interessant erscheint, Sprünge zu machen.

Welchen Verlauf dieser Multprozess genommen habe, wissen wir nicht. Im Gegensatz zu HUSCHKE S. 526 ff. nehme ich an, dass Cicero seine uns erhaltene Rede im Endtermin gehalten habe. Dass er viel Fleiss auf deren Ausarbeitung verwendet habe, hat HUSCHKE S. 528 ff. sehr schön dargelegt; ob er damit Erfolg gehabt habe oder nicht, lässt sich aus der Rede selbst nicht entscheiden.³ Auch die Art, wie er an andern Stellen (in Pison. § 4 und orator § 102) von seiner Verteidigung für Rabirius spricht, gestatten eine Entscheidung nicht. Jedoch ist es höchst wahrscheinlich, dass Rabirius der Anklage nicht erlag, sonst wäre wol eine Nachricht darüber auf uns gekommen.⁴

Täusche ich mich nicht, so bekommen wir auf diese Weise einen Prozessgang, bei welchem nicht nur die Rede Ciceros sich gut einreiht,⁵ sondern auch die Zeugnisse des Dio und Sueton sich natürlich erklären. Ich meine denn doch, dass SCHNEIDER nicht berechtigt sei zu behaupten, dass seine Annahmen „mehr als alle andern bis dahin aufgestellten mit den Quellen, wie sie uns überliefert sind, übereinstimmen"; (S. 43) denn er muss ja bei Dio in einem wesentlichen Punkte eine Lücke annehmen, wie WIRZ. Dio hätte nämlich nichts Geringeres als die Provokationsverhandlung über-

---

¹ HUSCHKE S. 526.
² Ueber Livius als Quelle des Dio in dieser Partie s WIRZ S. 196.
³ Ich bin nicht so fest überzeugt wie SCHNEIDER S 39, dass die Rede, die uns vorliegt, „allem Anscheine nach erfolglos" gewesen sei. Auf Freisprechung des Rabirius im Multprozess schliesst WESDELBUYS S. 9 Anm. 4 aus dem Berichte des Sueton, indem er annimmt, dieser habe die Nachrichten über den Perduellions- und Multprozess vereinigt. Doch vergl. oben S. 11.
⁴ Vergl. HUSCHKE S. 532.
⁵ SCHNEIDER S. 39 findet, dass in den Worten von § 4, seit Menschengedenken sei nie eine gefährlichere Sache neque a tribuno plebis susceptam neque a consule defensam neque ad populum Romanum esse delatam der Ausdruck ad populum deferre am besten für die Centuriatkomitien passe, da er „gewöhnlich" von diesen gebraucht werde, wie von den Tributkomitien ad tribus deferre. Erwiesen ist dieser Sprachgebrauch nicht. Zudem konkurriren vielfach die Centurien, die Tributkomitien und das concilium plebis mit einander. Vergl. den t t. ad populum plebemve ferret in den Notae Pradi 3, 24 und dazu MOMMSEN, St. R. III, 1 S. 325 Anm 1. Ueberhaupt sollte mau für die Zeit, in welche uns der Prozess des Rabirius versetzt, gar keinen wirklichen Unterschied mehr zwischen populus und plebs konstatiren wollen. Vergl. darüber die zutreffenden Bemerkungen von MOMMSEN, St. R. III, 1 S. 146 Anm. 1.

gangen, die doch gewiss nicht „nur einen Incidentpunkt betraf" (SCHNEIDER S. 44). Eine solche Lücke erscheint mir nicht als „ein leicht erklärlicher Verstoss des verarbeitenden Epitomators."[1] Der ganzen Darstellung des Dio und auch dem Berichte des Sueton, die nichts davon wissen, dass die Sentenz des Duumvirn aufgehoben und dann mit tribunicischer Perduellion gegen Rabirius geklagt worden sei, wird so Gewalt angetan. Dio gibt ein durchaus geschlossenes Verfahren, zwischen welches wir keinen Keil hineintreiben dürfen.[2] Viel leichter als ein solches Versehen mitten in einem ausführlichen Berichte scheint es mir, am Schluss eine vielleicht nicht unabsichtliche Unvollständigkeit der Berichterstattung anzunehmen.

III.
Die politische Bedeutung des Prozesses.

Während über das *genus iudicii* von Ciceros Rede und demnach über den Verlauf des ganzen Prozesses die Ansichten weit auseinandergehen, ist man im allgemeinen einig über die politische Tragweite desselben. R. LALLIER,[3] dessen Ausführungen ich in allem Wesentlichen folge, hat dieselbe aufs trefflichste beleuchtet.

Wenn unter den Ereignissen von Ciceros Konsulatsjahr die katilinarische Verschwörung im Vordergrund steht, so hat das zumeist Cicero selber verschuldet, der sich keine Gelegenheit entgehen lässt, seine damalige Tätigkeit mit eitlem Selbstruhm hervorzuheben. Zum Teil liegt aber die Schuld auch an uns, die wir gerne nach dramatischen Ereignissen in der Geschichte fahnden.

Tatsächlich hatte Cicero vom Anfange seines Konsulates an viele Gegner zu

---

[1] WIRZ S. 198, der sagt: „Dio überspringt ein Zwischenglied der Erzählung: die Aufhebung des Urteils der Duumvirn und das nunmehrige Eintreten des tribunicischen Verfahrens, und schliesst den Bericht über die bei diesem richtenden Centuriatkomitien gleich an jenes Urteil an — ... es ist nicht anzunehmen, dass seine Quelle, Livius, hierin gefehlt."

[2] Ungerechtfertigt ist der Vorwurf, den LETERBACHER, Jahresber. d. phil. Ver. XVII (1891) S. 10 gegen Dio erhebt, indem er seinen Bericht als „unklar" bezeichnet. Dieser Tadel stimmt auch gar nicht zu der Art, wie LETERBACHER früher den Bericht des Dio ansah; denn Jahresber. IX (1883) S. 96 nahm er Dio und Sueton energisch in Schutz gegenüber Wirz: „es liegt kein Grund vor, diese beiden Autoren des Irrtums zu bezichtigen", und S. 98: „Referent hält an dem Berichte von der Provokation fest, da an die Stelle historisch-philologischer Forschung nicht subjektives Räsonnement treten darf."

[3] *Le procès de C. Rabirius. Le gouvernement et l'opposition démocratique au début du consulat de Cicéron*, in Revue historique T. XII (1880) S. 257—278.

bekämpfen, wie die Aufzählung c. *Pis.* 2 zeigt und wie er *ad div.* 1, 9 sagt: *tenebam memoria, nobis consulibus, ea fundamenta iacta es kalendis Januariis confirmandi senatus.* Obgleich eine der kürzesten, ist doch die Rede für Rabirius eine der interessantesten Ciceros. Sie zeigt uns, wie er der Aristokratie, die er vorher bekämpft hatte, nun seine Dienste leihen und sich für die Wahl dankbar zeigen will. Dabei war er sich vielleicht selbst nicht voll und ganz bewusst, dass diese ihm ihre Stimme nicht aus Sympathie für den *homo novus* gegeben hatte, sondern, vor die Alternative gestellt, zwischen zwei Uebeln zu wählen, dem kleineren den Vorzug gab und so Catilina zum dritten Mal durchfallen liess. Im Jahre 65 bei seiner Verteidigung des C. Cornelius noch ein eifriger Demokrat und feuriger Verfechter der unbedingten Gültigkeit der tribunicischen Gewalt, bekämpft er am ersten Tage seines Amtsantrittes als ein vertrauenswürdiger Fürsprecher der Aristokratie die Anträge des Rullus, wenig später die gegen Rabirius klagend auftretende Opposition unter Caesar.[1] Der Angriff auf Rabirius, der kaum wegen seiner persönlichen Charaktereigenschaften, sondern höchstens als betagter Greis Anspruch auf unsere Sympathien hat, wurde von Caesar inszenirt und reiht sich organisch ein in die Bestrebungen, die dieser seit seinem ersten Auftreten als Ankläger des C. Verres an den Tag gelegt hatte. Als Anschicksmann wurde T. Labienus benützt, der sich als williges Werkzeug in den Händen Caesars erwies. Er war zu dieser Rolle um so eher geeignet, als zugleich mit Saturninus auch sein Oheim, Q. Labienus, gefallen war,[2] er somit als der Retter der Familienehre sich aufspielen konnte. Um diese Rache handelte es sich freilich ebensowenig als darum, das Andenken des Saturninus zu retten. Zwar hatten sich die Anschauungen, die in früheren Prozessen[3] zum Ausdruck gekommen waren, nicht unwesentlich geändert; doch nicht für die

---

[1] Sehr treffend sagt Lallier S. 262 *avec le zèle de néophyte et de concerti.*
[2] Vergl. *pro Rab.* § 14, 20, 22. — Dass Labienus bloss als Strohmann vorgeschoben war, berichtet auch *Sueton Caes.* 12; *subornavit etiam qui C. Rabirio perduellionis diem diceret*, allerdings ohne Namensnennung, da es ihm nicht auf eingehende Berichterstattung ankommt. — Während *Dio* in seinem Hauptbericht die Anklage als spontanen Akt des Labienus hinstellt (37, 26), sagt er 37, 37: καὶ ὅτι (ὁ Καῖσαρ) τῷ τε Λαβιήνῳ κατὰ τοῦ Ῥαβιρίου συνηγόρησεν.
[3] Als im Jahre 97 v. Chr. der Volkstribun C. Appuleius Decianus in einer Popularklage, die er gegen P. Furius durchführte, nebenbei sein Bedauern über die Tötung des L. Appuleius Saturninus äusserte, wurde er nach Ablauf seines Amtsjahres angeklagt und verurteilt. *Cic. pro Flacc.* § 77; *pro Rab.* § 24. Vergl. Zumpt, Kriminalrecht I, 2 S. 353 und Kriminalprozess S. 502 Anm. 1.

Während es nach den Anschauungen der caesarischen Partei ums Jahr 63 ehrenvoll war, ein Bild des Saturninus in seinem Hause zu besitzen, um so dem Vertreter der demokratischen Idee noch nach dem Tode Anerkennung zu zollen, war Sex. Titius, Volkstribun im Jahre 99 v. Chr., weil er ein solches Bild des Saturninus in seinem Hause hatte, nach der *lex Appuleia de maiestate* angeklagt und von den Geschwornen, allerdings römischen Rittern, verurteilt worden. Vergl. *Cic. pro Rab.* § 24. Mit Recht betrachtet Zumpt, Kriminalprozess S. 502 Anm. 3 die Worte *tota contio* bei *Val. Max.* 8, 1, 3 als verdorben.

Tötung des Saturninus jetzt noch Rache zu nehmen, war Cäsars Absicht; sondern es sollte die Unverletzlichkeit der tribunicischen Gewalt vor allem Volk laut verkündet werden. Es sollte das *senatus consultum ultimum* als ungesetzlich, der Senat in seinem Ansehen und seiner zu weit reichenden Kompetenz angegriffen werden.[1] Man sollte sich die Lehre, die in dieser Anklage gegeben wurde, merken, und es sollte sich Cicero wohl hüten, in seinem Konsulate die Schranken der Gesetzlichkeit zu überschreiten in der Bekämpfung der demokratischen Gegner.

Es wird also ganz deutlich im Prozess des Rabirius ein Prinzipienkampf ausgefochten, in welchem die Person des Beklagten stark in den Hintergrund geschoben ist.[2] Das sah auch Cicero ein. Während es für Hortensius keine gar schwierige Aufgabe gewesen sein mag, die eigentliche Verteidigung zu führen, musste der Konsul, seinen früheren Anschauungen zum Trotz, für die Autorität des Senates gegenüber der tribunicischen Gewalt eine Lanze brechen. Von diesem Gesichtspunkte aus verdient denn auch das Proömium der Rede alle Anerkennung,[3] wenn auch die Errettung des Rabirius nicht zunächst der Geschicklichkeit seines Advokaten zuzuschreiben ist.

Cicero löst die schwierige Aufgabe, die ihm gestellt war, in der Weise, dass er es ablehnt, als Fürsprecher einer Partei aufzutreten, sondern sich hinstellt als der Verteidiger des ganzen Staates, der zu Grunde gehe, wenn man ihn der Macht beraube, sich gegen seine Feinde kräftig zu schützen. Es handelt sich für ihn aber nicht bloss darum, die Macht des Senats zu verteidigen, sondern ebensosehr kämpft er um die Unabhängigkeit seiner eigenen Stellung als Konsul. Diese ihm so sauer als möglich werden zu lassen, war ja der Zweck Caesars, der ihn zwingen wollte, Farbe zu bekennen und offen mit der Demokratie zu brechen. So ist dem Konsul eine Falle gestellt; jedoch geht er nicht in dieselbe, sondern wendet den Kunstgriff an, sich als noch populärer hinzustellen denn Labienus, d. h. Caesar. Die angeblich dem Volke wiedergegebene Macht der freien Entscheidung im Volksgericht bekämpft er als undemokratisch und führt sie seinen Hörern vor als eine verabscheuenswerte Institution der ebenso verabscheuenswerten Königszeit *(pro Rab. § 14 ff.)*. Fast bekommt man zwar den Eindruck, der Redner falle aus der Rolle, wenn er die Schuld des Rabirius zugibt

---

[1] Vergl. Cic. pro Rab. § 2 und 4; in Pis. § 4; orat. § 102; Dio Cass. 37, 26. Rein, Gesch. d. röm. Bürgerkriege S. 275; Huschke S. 513; Wendelmuth S. 7 u. a.

[2] Vergl. Lallier S. 265 f.: *Toute la conduite du procès prouve que César voulait obtenir un succès politique, qu'il ne souciait fort peu de la personne de Rabirius et qu'il lui suffisait d'intimider le sénat* und S. 271: *Dans ce procès où, sinon la vie, du moins la fortune et l'honneur de Rabirius sont en cause, sa personne n'est qu'un objet très secondaire pour ceux qui l'accusent aussi bien que pour ses défenseurs.*

[3] Lallier S. 267 Anm. 5 verteidigt diese Auffassung m. E. mit Recht gegenüber dem abschätzigen Urteil von Cn. Merivale, Gesch. d. Röm. unt. d. Kaisert. I S. 72 (d. deutsch. Uebersetzg.).

und wünscht, er selber dürfte sich rühmen, der Mörder des Saturninus zu sein (§ 18). Doch tut er, wie LALLIER S. 270 fein bemerkt, diese Aeusserung bloss unter dem Gesichtspunkte, dass der Mörder des Saturninus nicht einer Partei, sondern dem ganzen Staat einen Dienst erwiesen habe, da ja damals alle *boni*, auch die Ritter, auf Seiten des Senats standen. Wie Labienus anscheinend für das Andenken des Saturninus kämpft, tatsächlich aber danach trachtet, dem Konsul die Opposition gegen Bestrebungen, wie die der Katilinarier waren, zu erschweren, so will auch Cicero nicht die Tat als solche rechtfertigen, sondern nur dem Volke an einem historischen Beispiel zeigen, dass ein Zusammenwirken und Einiggehen aller guten Elemente im Staate nötig sei, um die gefährlichen Feinde niederzuhalten.[1]

Fassen wir also die Rede weniger als die Rede des Advokaten, denn als eine Art Programmrede des Konsuls, so werden wir uns auch weniger wundern über die Unklarheit oder doch Unbestimmtheit, mit der speziell juristische Fragen abgetan werden. Uebrigens durfte Cicero, da er erst an zweiter Stelle sprach, alles, was mit dem eigentlichen Prozess direkt zusammenhieng, wie z. B. die Schuldfrage, mehr desultorisch behandeln. Immerhin geht er nicht so weit, dass er nun seinen Klienten ganz vergessen würde; sonst hätte er, wie LALLIER S. 273 ff. geistreich auseinandersetzt, besser für die Zukunft vorgebaut, als er wirklich tut. Um nämlich zu zeigen, dass Rabirius, wenn er auch der Mörder sei, mit Recht so gehandelt habe, behauptet Cicero, Marius sei aus Auftrag des Senats gegen die Partei des Saturninus vorgegangen und nimmt sich so als Konsul alle Selbständigkeit. Caesar sah nun ganz deutlich, welchen Standpunkt Cicero künftig einnehmen werde, er sah, dass der Konsul, statt aus eigener Initiative vorzugehen, sich hinter dem Senat verschanzen werde. So durfte er auf die Weiterführung des Prozesses verzichten. „Dieser ruhte", sagt MEISSNER,[2] „auf Anraten eben desjenigen, der ihn veranlasst hatte. Caesar hatte nun schon bewirkt, was er hatte bewirken wollen, hatte die Denkart des Volkes geprüft, die siegreiche Zuversicht der Optimaten erschüttert, den Mut künftiger Volkstribunen — seiner mutmasslichen Freunde — befestigt. Nach dem Blute eines armen, unglücklichen, längst unbedeutend gewordenen Greises dürstete ihn gewiss nicht. Neue belohnendere Entwürfe reizten seinen Geist."[3]

---

[1] Insofern ist MERIVALE a. a. O. S. 71 Anm. 46 zuzustimmen, der die Rede „weit mehr eine Appellation an die Leidenschaften als an das Urteil und die Billigkeit der Zuhörer" nennt.

[2] Leben des Caesar S. 272, zitirt bei RUPP a. a. O. S. 282.

[3] Ich kann mir nicht versagen, die meisterhafte Darstellung von LALLIER S. 275 hier im Original reden zu lassen: *César et lui (Labienus) avaient obtenu à peu près ce qu'ils désiraient. Ils avaient agité l'opinion; ils avaient démontré, par une manifestation audacieuse, que la démocratie, loin d'abdiquer, était résolue à fatiguer le sénat par ses attaques et à lui chercher querelle sous tous les prétextes, même les plus imprévues; ils avaient rappelé au consul et au gouvernement qu'il fallait compter avec*

Caesar war unbedingt Herr der Situation, Cicero spielte im ganzen Prozess un *rôle de dupe*.[1] Immerhin ist es nicht zu unterschätzen, dass er durch diese politische Verteidigungsrede in den Stand gesetzt war, seinen Gegnern die Stirn zu bieten, nachdem er sich den Rücken gedeckt hatte. Die Senatoren und Ritter hatten sich natürlich angesichts der drohenden Gefahren verbunden; daher einerseits die unausgesetzten Bestrebungen Caesars, diese Vereinigung zu sprengen, anderseits die Bemühungen Ciceros, durch ganze Ströme seiner Beredsamkeit die Einigung der Parteien als notwendig zu verteidigen und ein Sprengen der geschlossenen Reihen durch Caesar zu verhindern. Wenn Caesar für jetzt noch nicht ans Ziel gelangte, so lag der Grund nicht darin, weil die Regierungspartei zu stark war, sondern darin, dass für seine Versuche der Boden erst vorbereitet werden musste. Der Samen aber war ausgestreut und die Frucht gieng schon in wenigen Jahren auf im ersten Triumvirat.

———

Im Anschluss an diese Ausführungen möchte ich noch zwei Fragen zu beantworten suchen, auf welche Lallier nicht eingegangen ist: 1) Warum wählte Caesar gerade die Form der alten duumviralen Perduellion? 2) War Rabirius schuld an der Tötung des Saturninus?

Die erste Frage[2] ist wohl mit Ihne[3] dahin zu beantworten, dass „vielleicht gerade das Auffallende des Verfahrens Eindruck machen und die Verurteilung des Rabirius als einen Akt des ursprünglichen römischen Rechts darstellen sollte." Mit einer Klage *maiestatis* konnte Caesar vom parteipolitischen Standpunkt aus nicht gegen Rabirius auftreten, weil diese *quaestio* optimatisch und im wesentlichen eine Institution Sullas

une opposition, sinon bien redoutable, du moins importune et provocante. Dès lors, à quoi bon s'obstiner à réclamer la condamnation de Rabirius et s'acharner sur une victime qui, au fond, leur était complétement indifférente?

[1] Lallier S. 270, dessen weitere Ausführungen hier noch eine Stelle finden mögen: *C'est la main qui tient tous les filets de cette comédie politique, au milieu de laquelle Cicéron parle et s'agite, mais dont il n'a pas le secret. Tandis qu'il est sur le devant de la scène, haranguant le peuple et se ménageant, pour l'attendrir, aucune des ressources de son éloquence, l'intrigue de la pièce se noue et se dénoue derrière lui, sans sa participation et à son insu.*

[2] Zum Teil ist sie schon oben S. 11 f. beantwortet.

[3] Römische Geschichte VI (1886) S. 232. Die Frage, die Ihne a. a. O. Anm. 2 aufwirft, ob es nicht möglich sei, dass der gelehrte Annalist und Altertumskenner Licinius Macer, der einige Jahre vor dem Jahre 63 den Rabirius wegen Entweihung heiliger Orte angeklagt hatte (vergl. oben S. 35), Labienus und Caesar auf das Duumviralverfahren aufmerksam gemacht hätte, ist mit einem entschiedenen Nein zu beantworten, da ja Macer sich schon im Jahre 66 ums Leben gebracht hatte. Vergl. oben S. 35 Anm. 3.

war, desjenigen Mannes, der die Heiligkeit des Volkstribunates mit Füssen getreten hatte. Diese verrosteten Waffen wurden hervorgeholt, damit laut verklindet werde, wer sich an der *sacrosancta potestas* der Tribunen vergreife, könne noch bis ins späteste Alter hinein seinen Vergehen zum Opfer fallen und zwar nach uraltem Gesetz.[1] Eine solche Komödie, die Volksjustiz in ursprünglichster Gestalt zu erneuern, konnte um so eher inszenirt werden, als es sich ja beim ganzen Fall nicht um Rechtsfragen, sondern ausschliesslich um Machtfragen handelte.

Bezüglich der Schuldfrage ist die Hauptstelle *pro Rab.* § 19, wo der Redner sagt: *confiteor interficiendi Saturnini causa C. Rabirium arma cepisse*. Damit gibt er nicht zu, was Labienus behauptete, dass Rabirius den tötlichen Streich geradezu geführt habe. Wie konnte man aus den vielen Hunderten gerade den Rabirius herausgreifen? Dass die Tat nicht von Rabirius selber ausgeführt worden sei, wird von Cicero § 31 damit bewiesen, dass ein Sklave, Namens Scaeva, mit der Freiheit beschenkt worden sei, weil er der Mörder des Saturninus gewesen sei. Dieser Umstand reicht aber noch nicht hin, um den Rabirius von allem Verdachte zu befreien; denn es ist etwas ganz anderes, sich als Mörder zu bekennen oder der Mörder zu sein. Es kann ja Fälle geben, wo einer sich recht gern als Täter bezeichnet, zumal wenn es alte Sitte ist, Teilnehmern an einem Verbrechen Straflosigkeit und sogar Belohnungen zuzuerkennen, wie das in Rom der Fall war.[2] Tatsache ist also bloss, dass wegen der Tötung des Saturninus ein anderer belohnt worden war.

Nun aber haben wir bei *Aurel. Vict. de vir. ill.* 73 § 12 aus irgend einer Quelle die Notiz, dass Rabirius nicht der Tat gerühmt und das Haupt des Saturninus umhergetragen habe: *caput eius Rabirius quidam senator per ludibrium circumtulit*. Da müssen wir nun fragen, warum die klägerische Partei nicht einen andern Beteiligten von grösserer Bedeutung als Rabirius herausgegriffen habe, wenn dieser bloss wie viele Hundert andere die Waffen ergriffen hätte. Wir müssen aus jenem *arma cepisse* mehr herauslesen, als Cicero zugeben will und jener Notiz des Aurelius Victor Glauben schenken. Immerhin dürfen wir nicht mehr sagen, als dass eine bestimmte Tradition den Rabirius als Mörder des Saturninus bezeichnete.

---

[1] Vergl. hiezu bes. die Ausführungen von Ursnaer S. 521—524.
[2] Vergl. Zumrt, Kriminalrecht I, 2 S. 144—146. Als auf ein Analogon wäre hinzuweisen auf die Psephismata für die Mörder des Phrynichos zu Athen (C. I. A. I, 59 = Dittenberger, Sylloge I n. 43 S. 80).

Anhang.

I.
Die Bestellung der Duovirn für Perduellion.

Die Duovirn für Perduellion werden, im Gegensatz zu den auch schon in der Königszeit vorhandenen ständigen *quaestores parricidii*, jeweilen für den einzelnen Verbrechensfall ernannt.[1] Hier ist zunächst die Frage zu beantworten, wer dieselben bestellt habe.

Massgebend für die Beantwortung dieser Frage ist die Horatierlegende, die nicht nur für die Provokation überhaupt, sondern besonders auch für die Provokation von den Duumvirn prototypisch ist.[2] In dem Falle des Horatiers sind die Duumvirn durch den König ernannt worden; darauf führt der Wortlaut bei *Liv.* 1, 26, 5: *rex ... concilio populi adeocato „duumviros"*, inquit, *„qui Horatio perduellionem iudicent, secundum legem facio."*[3] Auf diese

---

[1] Rubino S. 312; Karlowa Röm. Rechtsgesch. I S. 58. Für die Annahme von Karlowa S. 226, dass zu der Zeit, als die *plebs* als selbständige Gemeinde innerhalb des grösseren römischen Gemeinwesens anerkannt wurde, die *tribuni plebis* jeweilen zu *duoviri perduellionis* bestellt worden seien, um vor den Centuriatkomitien Anklage zu erheben, fehlt ein Beweis. Das Richtige trifft seine Anm. 2: „Ob eine solche Bestellung von Seiten der Praetoren erforderlich war, kann zweifelhaft erscheinen. War sie aber nötig, so hatte sie nur eine formale Bedeutung." Jedenfalls traten früh die Volkstribunen als solche an Stelle der Duovirn für Perduellion. Vgl. Mommsen, St. R. I S. 166. Die Annahme der Bestellung der Volkstribunen zu Duovirn durch die Praetoren geht auf Huschke S. 162 und 215 zurück und ist schon von Winz S. 192 f. gründlich widerlegt worden. Vgl. auch Schneider S. 16.

[2] Wenn auch die Darstellung des Livius 1, 26 „weniger eine urkundlich treue, in ihren Einzelheiten verbürgte Erzählung als ein Spiegelbild der Rechtsanschauungen späterer Historiker und Staatsrechtslehrer ist" (Bekkmann, Tötungsverbrechen S. 210, Anm. 3), so ist doch zu betonen, dass „die Rechtstraditionen durchgängig auf weit sichereren Ueberlieferungsmitteln beruhten als die Geschichtserzählungen, welche zum grossen Teil aus Volkssagen hervorgegangen waren" (Rubino S. 191). Zu bemerken ist ferner, dass für die *causa Horatiana* der Bericht des Livius juristisch viel genauer ist als die rhetorisirende Darstellung des *Dion. Hal.* 3, 21, wie Zumpt, Kriminalrecht I, 1 S. 80 ff. hübsch nachgewiesen hat. Vgl. auch Mommsen, St. R. II, 1 S. 11 Anm. 2 und S 615 Anm. 2, sowie Schneider S. 8 und S. 17 Anm. 26.

[3] „Der Ausdruck *facio* wird, verschieden von *creare*, von demjenigen gebraucht, dessen Wahl die Person des Beamten bestimmt" (Liv. 7, 5; 42, 31 vergl. mit 9, 30), sagt mit Recht schon Rubino S. 312 Anm. 2. Dass der Bericht des Dionysius damit nicht in Widerspruch stehe, zeigt Schneider S. 8 in Uebereinstimmung mit Mommsen, St. R. II, 1 S. 616 Anm. 1. Wenn es aber nachher bei *Liv.* 1, 26, 7 heisst: *hac lege duumviri creati*, so steht hier *creare* bloss der Abwechselung halber. Lenckbacher, Jahresber. d. phil. Ver. XVII (1891) S. 10 will freilich die Wahl durch den König nicht zugeben, sondern behauptet: „Der König gab in diesem Falle die ihm durch das Volk übertragene Gewalt an das Volk zurück, welches denn auch in letzter Instanz entschied." Mit diesem und noch

Weise sind die Duovirn für Perduellion, gerade wie die *quaestores parricidii*, "Beamte ohne Imperium und ohne das Recht der Berufung der Gemeinde, also ohne eigenes Recht das Volksgericht einzuleiten wie durchzuführen", "notwendige Stellvertreter des Oberbeamten", bestellt nach dem "Recht der freien Mandirung" (MOMMSEN, St. R. I S. 164 f.).

Die Kriminaljurisdiktion behielt nach Einführung der Konsularverfassung der Konsul bloss im Prinzip bei, während er nachher das Recht der freien Auswahl dieser Mandatare an die Komitien verlor.[1] „Da die Duumvirn nämlich nicht bloss öffentliche Ankläger, sondern wirkliche Richter waren, deren Spruch, wenn keine Einrede erfolgte, vollzogen werden konnte, so wurde der Grundsatz, dass ohne Zustimmung des Volkes niemand über einen römischen Bürger richten dürfe,[2] auch auf sie angewendet, und daher ihre Kreation auf die Volksversammlung übertragen" (REINSO S. 312). Die Wahl der Duumvirn[3] durch das Volk ist durchaus die gesetzliche Art der Bestellung nach dem Wortlaut der Stelle des *Dio* 37, 27: καταψηφίσαντο αὐτοῦ κρίναι μὴ πρὸς τοῦ δήμου κατὰ τὰ πάτρια ἀλλὰ πρὸς αὐτοῦ τοῦ στρατηγοῦ οὐκ ἐξὸν τρεθέντες. An diesen ganz unzweideutigen Worten lässt sich nichts herumdeuten; es ist daher die durchaus gezwungene Interpretation des οὐκ ἐξὸν durch SCHNEIDER S. 9 f., wonach die Stelle besagen würde (sonst sind unsere Magistrate vom Volke gewählt; diese aber waren es nicht) unbedingt abzuweisen.

Wenn aber im Falle des Rabirius der Praetor und zwar wahrscheinlich der Stadtpraetor,[4] also Q. Metellus Celer, die Duumvirn zu bestellen hatte, so lässt sich das nicht anders genügend erklären „als dass Labienus einen Volksbeschluss veranlasste, der den Praetor anwies, Duovirn für diesen Fall zu ernennen" (MOMMSEN, St. R. II, I S. 616 Anm. 4). Gerade daraus, dass im vorliegenden Falle dem Praetor der

anderen Gründen wurde schon früher die bereits durch REINSO vertretene Annahme bekämpft von ZUMPT, Kriminalrecht I, I S. 92 f. Doch sind alle diese Argumente nicht stichhaltig gegenüber der Tatsache, dass der *populus* der Königszeit keine Wahlen treffen konnte; denn nichts wäre irriger, als „wenn man das romische Volk der Konigszeit als das Subjekt einer staatlichen Souveränetät betrachten wollte"(KARLOWA S. 48). Es tritt eine staatsrechtlich ganz widersinnige Verquirkung ein, die mit dem Wesen der Provokation vom königlichen Gericht ans Volk durchaus nicht vereinbar ist, wenn man die Richter einer Wahl oder Bestätigung durch die Komitien unterwerfen wollte, an welche nachher provozirt wird (REINSO S. 312). Die Stellung des Königs als obersten Richters bleibt trotz dem Zulassen der Provokation gewahrt (KARLOWA S. 53.)

[1] Dies ergibt sich mit Notwendigkeit aus der staatsrechtlichen Stellung des Konsuls zur Kriminaljurisdiktion. Belegen lässt sich jedoch dieser Satz nicht, denn wir haben aus dieser Periode nur einen Fall, den Prozess des M. Manlius vom Jahre 384 v. Chr., den wenigstens die bessere Annalistik als duumviralen Perduellionsprozess bezeichnet (MOMMSEN, St. R. II, 1 S. 318 Anm. I, S. 324 Anm. 5 und S. 615 Anm. 2). Hiebei beweist der Wortlaut bei *Liv.* 6, 20, 12: *sunt qui per duumviros, qui de perduellione anquirerent creatos, auctores sint damnatum* nicht, dass die Centuriatkomitien die Duovirn gewählt haben, wie LETKMBACHER a. a. O. behauptet. Allerdings scheint der Ausdruck *creare* zunächst auf Volkswahl hinzudeuten (MOMMSEN, St. R. II, 1 S 616 Anm. 5); jedoch kommt *creare* auch bei bloss magistratischer Ernennung vor (MOMMSEN, St. R. II, 1 S. 151 Anm. 6 und S. 174 Anm. 8). Der Hinweis auf die Tatsache, dass im Jahr 384 v. Chr. an der Spitze des Staates nicht Konsuln, sondern Konsulartribunen standen, beweist gar nichts, da ja der *tribunus militaris pro consule (consulari) potestate* sakralrechtlich, militärisch und richterlich genau dieselben Kompetenzen hatte wie der Konsul und sogar wie dieser einen Diktator ernennen durfte (MOMMSEN, St. R. II, 1 S. 184 f.).

[2] Vgl. *Pomponius*, fr. 2 § 23 *D. de or. jur.* 1, 2: *de capite civis Romani iniussu populi non erat lege permissum consulibus ius dicere* und *Cic.* pro Rab. § 12: *C. Gracchus legem tulit, ne de capite civium Romanorum iniussu vestro indicaretur.*

[3] Wir haben sie von nun an als in ausserordentlicher Weise bestellte, wirkliche Magistrate zu fassen. Ueber ihren magistratischen Charakter vgl. MOMMSEN, St. R. II, 1 S. 616 Anm. 3.

[4] Vgl. oben S. 13 Anm. 2 und S. 52 Anm. 1.

Auftrag gegeben wird, etwa nach Analogie der Bestellung der Geschwornen im Zivilprozess Duumvirn zu ernennen, ist mit MOMMSEN S. 617 zu schliessen, dass "eine allgemein gültige Bestellungsform des Perduellionsgerichtes überhaupt nicht bestanden haben kann; die Regulirung eines jeden einzelnen Prozesses wird durch das denselben anordnende Spezialgesetz in der für jeden Fall geeignet erscheinenden Modalität erfolgt sein."

Gegen die Annahme eines solchen Spezialgesetzes, von welchem MOMMSEN a. a. O. S. 616 sagt, dass es im Falle des Rabirius "unzweifelhaft" erlassen worden sei,[1] sind die Auseinandersetzungen von SCHNEIDER S. 10 ff. gerichtet. Da er eigentlich durch seine Auffassung jener Stelle des Dio zur Bekämpfung des Plebiscites veranlasst worden, jene Stelle aber von ihm entschieden missdeutet worden ist, so könnte ich auf weitere Polemik verzichten, wenn es sich nicht zugleich um die Erklärung von zwei bedeutsamen Ausdrücken in Ciceros Rede handeln würde.

Zunächst ist es klar, dass auch dann, wenn das Duumviralverfahren nicht förmlich aufgehoben, sondern bloss veraltet war,[2] ein Plebiscit notwendig ist, sobald es sich darum handelt, in der Art der Bestellung der Duovirn irgend etwas Besonderes einzuführen.[3] Das war nun im vorliegenden Prozess nach der Stelle des Dio der Fall. Darauf bezieht sich ferner zweifellos § 12 der Rede: *C. Gracchus legem tulit, ne de capite civium Romanorum iniussu vestro iudicaretur, hic popularis a duumviris iniussu vestro non indicari de cive Romano, sed indicta causa civem Romanum capitis condemnari coegit*; denn *coegit*, "er erzwang die Verurteilung", beweist deutlich, dass der Praetor wider seinen Willen veranlasst wurde die Duumvirn zu bestellen.[4] Die Worte *iniussu vestro* nämlich [5] gehen darauf, dass die Duumvirn nicht vom Volke, sondern vom Praetor gewählt wurden. Darin stimmen MOMMSEN, PUTSCHE S. 25 und SCHNEIDER S. 15 überein. Letzterer findet aber, dazu passe gerade nicht, dass der Praetor durch Volksbeschluss zur Bestellung der Duumvirn gezwungen worden sei, da ja der Redner dem Labienus nicht vor dem Volke einen Vorwurf daraus machen dürfe, dass der Praetor einen Auftrag des Volkes ausgeführt habe. Dabei übersieht er jedoch, wie ungemein rhetorisch die Stelle gestaltet ist, so dass sie gar nicht wörtlich aufgefasst werden darf; nur um des Gegensatzes willen zu *iniussu vestro* im vorher genannten Gesetz des C. Gracchus gebrauchet der Redner diesen Ausdruck, mit derselben rabulistischen Verdrehung, wie er

---

[1] Ein solches Spezialgesetz nehmen alle an, die über unsere Rede geschrieben haben: GOTTLING, Hermes XXVI (1828) S. 126; ZUMPT, Kriminalrecht I, 2 S. 380 f.; LANGE, Röm Altert. III² S. 211 und II² S. 564; HUSCHKE S. 522 mit Anm. 20; WIRZ S. 188 mit Anm. 9; PETSCHE S. 15 Anm. 28 und S. 25 mit Anm. 39; WENZELSEN S. 8 Anm. 2; HEITLAND, *Introduction* S. 32.

[2] Vergl. meine Auseinandersetzungen oben S. 46 Anm. 2.

[3] Dass jedoch, seit der Feststellung der sämtlichen *quaestiones perpetuae* die Volksgerichte überhaupt nur über das *crimen perduellionis*, und dann zu urteilen hatten, wenn ein bestimmtes Gesetz wie das des Clodius über besondere noch nicht vorhergesehene Fälle das Gericht anbefohl, wie GÖTTLING, Gesch. d. röm. Staatsverf. S. 475 behauptet, lässt sich nicht erweisen.

[4] WIRZ S. 188 Anm. 9 wird hier Recht behalten trotz der Aussetzungen von SCHNEIDER S. 11 und 15.

[5] In neuester Zeit sind diese Worte von LITTENAUCKK, Jahresber. d. phil. Ver XVII (1891) S. 11 dafür zitirt worden, dass kein Plebiscit gefasst worden sei. Nach seiner Auffassung hätte "der Stadtpraetor Q. Metellus Celer nach Anhörung der Parteien aus eigener Kompetenz (formell besass er wohl dieselbe) das von Labienus und den Mitanklägern vorgeschlagene Verfahren angenommen, indem die ursprünglich von Labienus angedrohten Strafen gemildert wurden, und demgemäss die beiden Caesaren zu Duumvirn bestellt, in der Meinung, es werde nicht zur Verurteilung des Rabirius kommen, die er schliesslich durch die Auflösung der Centuriatkomitien verhinderte." Wenn Metellus Celer solche Erwartungen hegte, dann war er allerdings ein sehr naiver und kurzsichtiger Politiker.

davon spricht, dass Rabirius *indicta causa* verurteilt worden sei.[1] Hierin liegt natürlich eine Uebertreibung, die gegründet ist auf die römische Anschauung, dass nur der vor dem Volke geführte Prozess ein Prozess im eigentlichen Sinne sei. „Wer von dem Beamten allein verurteilt und bestraft wird, der wird ohne Prozess bestraft."[2] Mit Recht bemerkt MOMMSEN, St. R. III, 1 S. 354 Anm. 6, dass es selbst nach dieser rabulistischen Verdrehung an einem ersten *iudicium* nicht fehlt, dem *iudicium magistratus*, ohne welches ein *iudicium populi* nie auftritt, sondern nur an der Möglichkeit sich darin zu verteidigen. Tatsächlich folgte ja die Gelegenheit zur Verteidigung, sobald nach dem Spruche des Duumvirn ans Volk provozirt wurde.

Ein Plebiscit ist also unzweifelhaft erlassen worden; ungewiss ist nur, welches der Inhalt desselben gewesen sei. Jedoch kommt es mir wahrscheinlich vor, dass dasselbe bloss in allgemeinen Ausdrücken das Abhalten eines Perduellionsverfahrens über Rabirius gebot[3] und vielleicht die Bestellung der Duumvirn dem Praetor übertrug. Vor dem Volke also siegte Labienus, resp. die caesarische Partei. Nur wenn wir ein solches Plebiscit annehmen, können wir uns diesen Sieg erklären. Im Senat, gegen dessen Autorität ja die Spitze der Anklage von Anfang an gerichtet war, würde Caesar schwerlich gesiegt haben. Zudem wäre es auch staatsrechtlich kaum zulässig, dass der Senat beschlossen hätte, es solle eine duumvirale Perduellionsklage angehoben werden.

Wohl aber fand jetzt der Senat Gelegenheit das Plebiscit zu diskutiren, noch bevor der Duumvir in Funktion trat. Er hob auf Veranlassung Ciceros das Verfahren zwar nicht auf, brachte jedoch wesentliche Modifikationen an demselben an. Dass der Senat die Kompetenz hiezu besass, habe ich S. 46 f. nachgewiesen. Es ist sein Recht der Nomophylakie, das ihn dazu ermächtigt, an diesem Plebiscit Modifikationen vorzunehmen und das einschlägige Verfahren, sowie die Strafe genauer zu bestimmen (*iudicium sublatum*); nicht aber möchte ich das Einschreiten des Senates damit begründen, „dass es überhaupt Sache des Senates war, über die Ruhe im Staate zu wachen und die Beamten nötigenfalls zum Einschreiten in politischen Dingen zu veranlassen" (SCHNEIDER S. 15 f.) Auf diese Streitigkeiten im Senate bezieht sich die Stelle des *Dio Cassius*, welche ich schon oben S. 46

---
[1] SCHNEIDER S. 16 hat diese Worte ernsthaft genommen und daraus geschlossen: „Caesar urteilt *indicta causa*, also mit dem Verfahren des *delictum manifestum*." Diesen Irrtum teilt mit ihm WINZ S. 200, der das Verfahren vor dem Duumvirn als ein summarisches bezeichnet. Zugleich nimmt WINZ eine ganz ungehörige Teilung der Judikation in Entscheidung der Tatfrage vor dem Duumvirn und Entscheidung der Rechtsfrage in der Provokationsverhandlung an, gegen welche SCHNEIDER S. 17 mit Recht opponirt. Auch PETSCHE, der S. 26 aus dieser Stelle den Schluss zieht, der Duumvir habe bloss kondemniren können [gegen diese Auffassung vgl. oben S. 12 Anm. 3], hat diese Worte missverstanden. Eine gesetzliche Vorschrift, dass niemand ohne „ordentliches Gehör" (*indicta causa*) getötet werden dürfe, war vorhanden. Vgl. *Dion. Hal.* 6, 58; 7, 36; *Cic. de leg.* 1, 15, 42; HESCHKE S. 105 Anm. 270. Gegen dieses Gesetz war nach der rabulistischen Verdrehung Ciceros im Falle des Rabirius verstossen worden.
[2] ZUMPT, Kriminalrecht I, 1 S. 192 f.; vgl. auch S. 427 Anm 82; S. 429 Anm. 92; S. 420 Anm. 58 und Beispiele S. 188 f. Die griechisch schreibenden Historiker gebrauchen in einem solchen Falle ἄκριτος, z. B. *Dion. Hal.* 7, 36.
[3] Oefter haben vor Einleitung eines Strafverfahrens in dieser Weise Beratungen stattgefunden, namentlich darüber, wie das Verbrechen aufzufassen sei, also im vorliegenden Falle, ob überhaupt auf Perduellion geklagt werden dürfe oder ob die Klage *maiestatis* angewendet werden müsse. Eine Beratung der Tribunen περὶ τοῦ ὀνόματος, ἓ δήσχνσι τῇ δίκῃ bei *Dion. Hal.* 10, 42 (RESRIO S. 456). Die Frage des Coriolanus dagegen, τί τὸ ἀδίκημά ἐστιν; (Dion. Hal. 7, 57) ist eine Anticipation aus dem späteren Quaestionenverfahren, wo das Gesetz angegeben werden musste, auf Grund dessen die Kriminalklage angehoben wurde. (HESCHKE S. 158 Anm. 45.).

besprochen habe.¹ Dio hat zwar von der Stellung der Duovirn für Perduellion und dem Duumviralverfahren keine rechte Vorstellung; jedoch ist aus seinem Berichte soviel ersichtlich, dass man sich im Senat fragte, ob man überhaupt die Bestellung von Duovirn zugeben wolle oder nicht. Es war also eine Meinung vorhanden, welche das Plebiscit geradezu umstürzen wollte. Diese drang aber nicht durch, sondern man verstand sich zu Modifikationen. Die Art der Judikation (κρίσις) bildete den Gegenstand weiterer Beratungen im Senat, von denen Dio 37, 27 sagt: περί τε τῆς κρίσεως αὐθις συνέβησαν. Nachdem prinzipiell entschieden war, man wolle die Duumvirn bestellen lassen, wurden in neuen Verhandlungen Modifikationen im Strafverfahren beschlossen, die Dio im einzelnen nicht erwähnt. So scheinen sich mir diese Worte ganz natürlich zu erklären.² Da es Cicero gelungen war, die harten Strafen der alten Perduellion zu beseitigen, konnte er sich rühmen, er habe eine *non tribunicia actio sed regia* vereitelt (§ 17), da ja dem Labienus die Möglichkeit genommen war, alle Grausamkeiten der königlichen Perduellion in Anwendung bringen zu lassen. Er, und nicht Caesar, war aber daran verhindert worden, weil er der *rogator* jenes Plebiscites gewesen war. Darum kann auch Cicero weiterhin sagen, Labienus habe, als er jenes Verfahren habe erneuern wollen, sich über alles Recht und Gesetz und alle staatliche und höhere Ordnung hinweggesetzt.³

So erhalten wir zunächst ein Plebiscit, das der Volkstribun Labienus durchgebracht hatte, hernach stürmische Senatsvorhandlungen, deren Resultat eine Modifikation des von Labienus gewollten königlichen Verfahrens ist. Dann erst erfolgt die Bestellung der Duovirn, über deren Funktionen ich S. 12 ff. gehandelt habe.⁴

¹ Von keiner Seite ausser von Zumpt wird behauptet, dass die Darstellung des Dio sich nicht auf Streitigkeiten im Senat sondern auf solche vor dem Volke beziehe. Also kann die Opposition von Schneider S. 11—13 nur gegen Zumpt gerichtet sein.
² Die Schwierigkeiten, die nach Schneider S. 13 bei der von mir vertretenen Auffassung der Erklärung jener Worte, besonders des αὐθις, im Wege stehen sollen, scheinen mir tatsächlich nicht vorzuliegen. Auf die unsichere Erklärung von Petscke S. 16 ff., der den zweiten Konflikt der Parteien während des Prozesses selber vor sich gehen lässt, kann ich hier nicht eintreten. Uebrigens hat schon Leterailer, Jahresber. d. phil. Ver. IX (1883) S. 36 eine Anzahl berechtigter Einwände gegen die Konstruktion von Petscke erhoben. Das Natürlichste wird doch sein, dass alle diese Punkte vor Beginn der Anklage und Verteidigung geregelt wurden. Vgl. oben S. 47 Anm. 2 und S. 52 Anm. 6.
³ Ich glaube nicht, dass man gut tut, aus den Worten von § 17: *qui tu in actione ... omnia exempla maiorum, omnia leges, omnem auctoritatem senatus, omnia religiones atque auspiciorum publica iura neglexisti* so viel zu schliessen, wie Hescnke S. 522 Anm. 20 und Winz S. 188 Anm. 9 tun. Ich stimme in der Erklärung derselben mit Schneider S. 14 überein. Aber auch dann, meine ich, seien diese Worte natürlich und begreiflich, wenn ein Volksbeschluss zur Bestellung von Duumvirn gefasst worden war; denn es war ja auch weder Labienus, der denselben durchgedrückt hatte. Jedenfalls ist Schneider, der ein solches Plebiscit gar nicht für möglich hält, sondern findet, dass die Anhebung des Perduellionsverfahrens und die Bestellung der Duovirn auf die blosse Anklage beim *praetor urbanus* von diesem vollzogen werden musste, nicht berechtigt, diese Worte nun als besser erklärt hinzustellen, weil eben „Labienus ohne einen Volksbeschluss das Duumviralverfahren herbeigeführt hatte" (S. 14).
⁴ Sonach bekenne ich mich durchaus zur Ansicht von Hescnke, welcher S. 521—523 seinen Standpunkt mit grösstmöglicher Klarheit dargelegt hat. Ihm hat sich auch Heitland S. 32 angeschlossen, wenigstens im ersten Teil, denn er lässt das Plebiscit nicht erst gefasst werden, als die Anklage schon vor die Duumvirn gebracht war, wie Schneider S. 11 hin sagen lässt. Im ersten Punkt hat auch Winz S. 188 Anm. 9 die Erklärung von Hescnke angenommen, während er allerdings die Stelle des Dio auf die Aufhebung des Spruches des Duumvirn durch den Senat bezieht. Schliesslich ist auch die Ansicht von Schneider, sobald er nur das Plebiscit zugibt, nicht sehr weit von der meinigen entfernt, während dann allerdings seine Erklärung des *iudicium subdatum*, das er in die Provokationsverhandlung verlegt, dazu nicht stimmt.

II.
Die Folgen der unerschwinglichen Multa.

An verschiedenen Stellen meiner Arbeit, z. B. S. 25 f. und S. 44, bin ich von der Voraussetzung ausgegangen, dass eine unerschwingliche Mult zu Exil, Infamie und Vermögenskonfiskation habe führen können. Nur wenn sich das erweisen lässt, sind die Uebertreibungen besonders in der *peroratio* der Rabiriana zu verstehen.

Vor allem ist scharf zu scheiden zwischen der Multa als magistratischem Koerzitionsmittel und der *multa irrogata* als Strafe für Verbrechen. Während die erstere entweder gesetzlich fixirt ist oder bei ihr eine wiederholte Verhängung und Steigerung nur bis zu einer Maximalgrenze (*multa suprema* oder *maxima*) zulässig ist, weist die *multa irrogata* diese Beschränkung nicht auf. Der Satz, den z. B. KARLOWA, Röm. Rechtsgesch. I S. 169 aufstellt, „dass solche Verhängung von Multen durch Tributkomitien oder *concilia plebis* auf vorhergehendes *multam irrogare* von Magistraten keine Kriminaljudikation im strengen Sinne, sondern eine in den Formen derselben geschehende Ausübung der Disziplinargerichtsbarkeit ist", gilt bloss für die ältere Zeit. Denn ursprünglich war für die Volkstribunen die Koerzition die Schutzwaffe zur Vertheidigung der Plebs; „als aber die Plebs in ihrer Aktion dem Populus gleichgestellt ward, machte man davon für das Kriminalrecht die Anwendung, dass nicht bloss das gegen die Plebs, sondern jedes gegen die Gemeinde gerichtete Vergehen der Judikation der Tribune unterzogen werden konnte" (MOMMSEN, St. R. II, 1 S. 317 f.). In jener ältern Periode wurde von der Multa der Charakter der Disziplinarstrafe auch insofern gewahrt, als dieselbe nicht die vermögensrechtliche Existenz des Bürgers zu vernichten trachtete. Da war die Beschränkung ganz am Platze, wie sie auf der Rückseite der *Tabula Bantina* (C. I. L. 1, 197 p. 45, Z. 12) steht, der Magistrat solle *multare dum minoris partis familias taxat* (vergl. dazu HUSCHKE S. 252). Da blieb die Mult dadurch, dass sie innerhalb der Hälfte des Vermögens sich bewegte, auch ausserhalb der Grenzen der Kapitalstrafe. Diese Beschränkung der Mult ist aber eine Eigentümlichkeit der gesetzlichen Mult gegenüber der *multa dicta* und der *multa irrogata* (HUSCHKE S. 254 Anm. 16 und S. 274). Hingegen scheint es mir nicht anzugehen, auch die entwickelte tribunicische Multklage als blosse Disziplinargerichtsbarkeit zu bezeichnen; vielmehr liegt da eigentliche Kriminaljudikation vor (HUSCHKE S. 145 und S. 172 ff.) Dem gegenüber müssen aber auch die Bedenken, dass eine exorbitante Mult die vermögensrechtliche Stellung des Verurteilten bedrohte, verstummen.[1]

Die Beschränkung der Mult auf eine *multa suprema* oder *maxima* gehört der älteren Zeit an und diese findet sich nur als Ordnungsstrafe bei der tribunicischen Appellation. Später aber konnte der Magistrat auf eine höhere Geldbusse erkennen, sobald dagegen die Provokation gestattet war.[2] Daraus aber, dass die Provokation, die ursprünglich nach allgemeiner Ueberlieferung (entgegen

---

[1] Gewiss hat MOMMSEN, St. R. II, 1 S. 298 Anm. 5 Recht, wenn er die Kapitalstrafen und Vermögenskonsekrationen, mit denen die Tribunen des 7. Jahrh. d. St. den Censoren die Notation vergalten, auch unter die *Koerzition* wegen Verbalinjurie rechnet. Vgl. auch St. R. I S. 151 Anm. 4 und S. 157 Anm. 6 und 7.

[2] MOMMSEN, St. R. I S. 159 f. und II, 1 S 317. Die Behauptung von SCHLINKE S. 30, „dass bedeutende Multen stets in bestimmter Höhe gesetzlich angedroht sich finden", entspricht der Wirklichkeit nicht.

steht bloss *Dion. Hal.* 5, 19) auf Kapitalstrafen beschränkt war, später auch auf die Multa ausgedehnt wurde, darf wol auch geschlossen werden, dass man die Wirkung der Mult als nicht so sehr von derjenigen kapitaler Bestrafung abweichend betrachtete (MOMMSEN, St. R. I. S. 159). Man kann ja überhaupt die Beobachtung machen, dass da, wo das Gesetz die Magistraten ganz allgemein auffordert, wegen eines von ihm definirten Delikts eine Mult zu verhängen, mit der Formel *sei quis magistratus multam irrogare velet* (MOMMSEN, St. R. II, 1 S. 325 Anm. 2), die Aedilen einschreiten, „der höher und freier gestellte Volkstribun aber offenbar nur da, wo das gegen die Gemeinde begangene Unrecht nicht in einem Spezialgesetz formulirt, noch mit einer maximalen Mult belegt war, also nach beiden Richtungen hin der Beamte in voller Freiheit schaltete" (MOMMSEN, St. R. II, 1 S. 325). Bei den folgenden Auseinandersetzungen handelt es sich also um „die schweren Multen des tribunicischen Rechenschaftsprozesses" (MOMMSEN, St. R. II, 1 S. 310 Anm. 2). Das Volksgericht tritt ja überhaupt erst da ein, wo die Multa das Maximum übersteigt, welches, in Geld ausgedrückt, ursprünglich 3020 Asse ausmacht.[1]

Nur unter dem Gesichtspunkt, dass der Multa ein wirklich kapitaler Charakter vindizirt werde, kann ich, wie ich schon oben S. 26 im Anschluss an HESCHKE betont habe, die Korrelation der Begriffe *multa* und *perduellio* verstehen. Wenn der akkusirende Tribun ohne irgend welches Hinderniss von der Perduellion zur Mult und umgekehrt von der Mult zur Perduellion übergehen kann, so wird auch wol die Wirkung eine annähernd gleiche sein. Ich sage, annähernd gleich, denn es ist ganz natürlich, dass die Strafe der Perduellion als strenger angesehen wird. Darin, dass der Magistrat bei den Anquisitionsterminen an den ersten Strafantrag nicht gebunden ist, sondern bald darüber hinaus, bald darunter gehen kann, hat man also eine „Steigerung" resp. „Herabminderung" zu sehen.[2] Es steht diese Bezeichnung auch im Einklang mit der Art, wie *Liv.* 2, 52, 5 sich ausdrückt: *in multa temperarunt tribuni, cum capitis anquisissent*. Dass die *perduellio* bloss die „formale Strafkategorie ist, unter deren Namen die Volkstribunen alternativ mit Geldbusse auf den Tod anklagen" (HESCHKE S. 180), dürfte am besten aus der Betrachtung einiger Fälle erhellen, in denen dieses Variiren der Anklage vorkam.[3]

Der Konsul des Jahres 477 v. Chr. T. Menenius[4] wurde im Jahre 476 von den Volkstribunen Q. Considius und T. Genucius angeklagt. Der Klagegrund war *amissum Cremerae praesidium*.[5] Zunächst war die Anklage kapital, nachher aber liessen es die Tribunen bei einer Geldstrafe bewenden. Vgl. *Liv.* 2, 52, 5: *in multa temperarunt tribuni, cum capitis anquisissent: duo milia aeris damnato multam dixerunt*.[6] Vgl. auch *Dion. Hal.* 9, 27 und *Dio frg.* 21, 3.

[1] Vgl. MOMMSEN, St. R. I S. 158, dazu *Polyb.* 6, 14, 6: κρίνει μὲν οὖν ὁ δῆμος καὶ διαφόρου πολλάκις, ὅταν ἀξιόχρεων ᾖ τὸ τίμημα τῆς ἀδικίας, καὶ μάλιστα τοὺς τὰς ἐπιφανεῖς ἐσχηκότας ἀρχάς· θανάτου δὲ κρίνει μόνος. Vgl. MOMMSEN, St R. III, 1 S. 354 Anm 2.
[2] So MOMMSEN, St. R. III, 1 S. 356 Anm. 1 und HESCHKE S. 146 Anm. 2.
[3] Dass bei diesem Variiren der Anklage auch ein Verlegen des Termins (*prodictio diei*), was manche bestritten, stattfinden konnte und vielfach eintreten musste, darf nicht bezweifelt werden. Den Nachweis erbrachte HESCHKE S. 231 ff.
[4] Ueber diesen Prozess des Menenius vgl. ZUMPT, Kriminalrecht I, 1 S. 266 f ; HESCHKE S. 166 und MOMMSEN, St. R. II, 1 S. 320 Anm. 2.
[5] Vgl. darüber SCHWEGLER II S. 530.
[6] Andere lesen *eduxerunt*. Die Interpunktion habe ich nach HESCHKE S. 146 Anm. 2 gesetzt, während gewöhnlich interpungirt wird: *in multa temperarunt tribuni: cum capitis anquisissent, duo milia aeris damnato multam dixerunt*. Die Mult von 2000 Assen erscheint uns, verglichen mit den späterhin

Ferner gehört hieher die Bestrafung des P. Claudius Pulcher, Konsuls d. J. 249 v. Chr., über dessen Prozess ich schon oben S. 54 Anm. 3 gehandelt habe.[1] Auch hier war nach der ausführlichen Darstellung der Ciceroscholien die Anklage zunächst kapital. Als zufolge eines Unwettern die Abstimmung verhindert wurde *(ritium intercessit)*, wollten die akkusirenden Tribunen aufs neue auf Perduellion klagen; dagegen interzedirten jedoch ihre Kollegen: *ne idem homines in eodem magistratu perduellionis bis eundem accusarent.*[2] Darauf wurde *actione mutata* dem Claudius eine Mult irrogirt im Betrag von 120,000 Assen, d. h. 1000 Asse für jedes der verlorenen 120 Schiffe. Ohne allen Grund bezweifelt SCHNEIDER S. 31 die Richtigkeit der Nachricht, dass hier eine Mult vorliege und glaubt, die 120,000 Asse seien zu betrachten als eine mit Kapitalstrafe verbundene *publicatio bonorum*. Da der Census der ersten Klasse damals doch bloss 20,000 schwere Asse betragen habe, habe schwerlich damals schon in Rom ein solch kolossales Vermögen existirt, dass das Sechsfache des Census bloss einen Bruchteil des ganzen Vermögens ausgemacht habe. Die letzte Behauptung ist unrichtig, da das *dum minoris partis familiaris taxat* auf diese *multa irrogata* keine Anwendung fand. Die Angaben der Ciceroscholien sind zudem so bestimmt und glaubwürdig, dass sich daran nichts herumdeuten lässt. Ein Schwanken findet nur insofern statt, als *Oros.* 4, 10 angibt, die Flotte des Claudius habe aus 120 Schiffen bestanden, während *Polyb.* 1, 52 bloss deren 93 nennt. Dass die Höhe der Mult auch für jene Zeit keine so ausserordentlich grosse ist, mag die diesem Anhang beigegebene Uebersicht über die dem Betrage nach bestimmt bezeugten Multen beweisen.

Der umgekehrte Fall, ein Uebergang von Mult zu kapitaler Bestrafung, fand statt im Prozess gegen den Praetor des Jahres 212 v. Chr., Cn. Fulvius Flaccus.[3] Dieser wurde im Jahre 211 v. Chr. von einem Volkstribunen auf eine Geldbusse beklagt; als sich jedoch herausstellte, dass der Praetor nicht bloss feige geflohen war, sondern das Beispiel zur Flucht gegeben hatte, machte der Tribun die Sache kapital (*Liv.* 26, 2 und 3). Freilich hätte von Seiten der Kollegen des Tribunen gegen diese Formulirung des Strafantrages Interzession erfolgen können nach *Liv.* 26, 3, 8: *tribuni plebis appellati conlegae negarunt se in mora esse, quo minus ... seu legibus seu moribus mallet anquirerct, quoad rei capitis vel pecuniae iudicasset.*[4]

Aber auch sonst fehlt es nicht an Beweisen dafür, dass die Multa einen kapitalen Charakter gehabt habe. Allerdings möchte ich das nicht schliessen aus den Worten bei *Liv.* 22, 40, 3. L. Aemilius Paullus, Konsul 219 v. Chr., wurde mit seinem Kollegen M. Livius Salinator wegen unbilliger Verteilung der Kriegsbeute angeklagt; letzterer

erwähnten oft beträchtlichen Summen (ZUMPT I, 1 S. 326), unbedeutend. Jedoch muss für jene Zeit, über 10 Jahre nach dem Valerischen Gesetze, eine Busse, die in Geld und nicht in Vieh bezahlt werden musste, als harte Strafe betrachtet werden. Das betont auch *Dion. Hal.* 9, 27: ἐπήνεσαν ἐπιεικῶς. ὁ πρὸς μὲν τοὺς νῦν ἐξεταζόμενον βίους γέλωτος ἂν ἄξιον φανείη, τοῖς δὲ τότ' ἀνθρώποις, αὐτουργοῖς οὖσι καὶ πρὸς αὐτὰ τὰ ἀναγκαῖα ζῶσι, μάλιστα δ'ἐκείνῳ τῷ ἀνδρὶ πενίαν κληρονομήσαντι παρὰ τοῦ πατρὸς ἀρκὴς ἦν καὶ βαρύ.

[1] Quellenstellen: *Schol. Bob. in Cic.* p. 337 Orelli; *Cic. de nat. deor.* 2, 3, 7; *Cic. de divin.* 2, 33, 71; *Liv. per. lib.* 19; *Polyb.* 1, 52; *Val. Max.* 1, 4, 3. Vgl. auch MOMMSEN, St. R. II, 1 S. 321 Anm. 1 und ZUMPT, Kriminalrecht I, 2 S. 311.

[2] Wie diese Beschränkung aufzufassen sei, zeigt HUSCHKE S. 239 Anm. 313.

[3] MOMMSEN, St. R. II, 1 S. 321 Anm. 2.

[4] Für die Erklärung dieser Stelle und die Beziehung der einzelnen Glieder vgl. HUSCHKE S. 146 und S. 147 Anm. 3, sowie MOMMSEN, St. R. I S. 276 Anm. 8.

wurde verurteilt, ersterer freigesprochen.¹ Es ist rhetorische Uebertreibung, wenn Livius a. a. O. den Aemilius Paullus im Jahre 216 sagen lässt: *se populare incendium priore consulatu semustum effugisse; optare, ut omnia prompere evenirent; at si quid adversi caderet, hostium se telis potius quam suffragiis iratorum civium caput obiecturum;* denn offenbar steht hier *caput* zunächst wegen der *tela hostium.*

Indirekt dürfte diesen Charakter vielleicht auch bezeugen *Sueton.⁴ Tib.* 2, der die Verurteilung der Claudia, der Schwester jenes P. Claudius Pulcher, bezeichnet als *iudicium maiestatis apud populum,* während dieselbe in einer aedilicischen *multa dicta* bestand.³

Wenn wir ferner sehen, dass sogar zufolge einer gesetzlichen Mult der vermögensrechtliche Ruin eines Mannes herbeigeführt wird,⁴ so sehe ich nicht ein, warum man die Möglichkeit, dass bei der strengeren *multa irrogata* dieselbe Folge habe eintreten können, leugnen soll.

An einem direkten Zeugnis dafür, dass Multa zu Vermögenskonfiskation, Infamie und Exil geführt habe, fehlt es, und zwar hauptsächlich deshalb, weil die uns erhaltenen Berichte gewöhnlich bloss das Verhängen der Mult melden, hingegen über den Modus des Eintreibens völlig schweigen. Wir wissen also nicht, ob die jeweilen verhängte Mult bezahlt wurde oder nicht. So können wir bloss ganz allgemein sagen, dass die Tribunen als Beamte der Gesamtgemeinde auf Multen jeder Art zu Gunsten des Aerarium oder einer römischen

---

¹ Vgl. Mommsen, St. R. II, 1 S. 321 Anm. 3.

² So nach *Gell.* 10, 6. Vgl. auch *Val. Max.* 8, 1 *damn.* 4; *Liv. per. lib.* 19; Mommsen, St. R. II, 1 S. 492 Anm. 4.

³ Dies trat ein bei der Mult *(multa petita;* vergl. Huschke S. 259 und Anm. 33), die Verres als Praetor von Sizilien (74 v. Chr.) in einem Rekuperatorengericht (Huschke S. 263 Anm. 45) über Q. Opimius verhängte. Vergl. *Cic. in Verr.* 1, 60, 155: *tantum dicam, paucos homines . . . . hoc adiutore Q. Opimium per ludum et iocum fortunis omnibus evertisse* und § 156: *rem apud istum tribus locis Q. Opimius, senator populi Romani, bona, fortunas, ornamenta omnia amiserit.* Die Angabe des Verlustes der *ornamenta* ist zu unbestimmt, um den Schluss zuzulassen, dass Opimius auch von Infamie betroffen worden sei (Huschke S. 271 Anm. 68).

Für den Verlust der Civität zu Folge einer Multa könnte man den Fall anführen, wo ein römischer Bürger teilnimmt an einer latinischen Kolonie, wodurch er aufhört *civis Romanus* zu sein und zum *Latinus* wird (*Boeth. zu Cic. top.* p. 302 Or.; *Cic. de dom.* § 78. Vgl. Laner l.¹ S. 207). Jedoch ist da der Verlust der Civität nicht direkte Folge der Mult und zudem diesen Bürgern die Rückkehr gesetzlich vorbehalten (Laner II S. 119 und 208). Wenn von solchen Leuten *Cic. pro Caec.* § 98 sagt: *aut sua voluntate aut legis multa profecti sunt, quam multam si sufferre voluissent, manere in civitate potuissent,* und § 100: *qui si in civitate legis vim subire vellent, non prius civitatem quam ritum amitterent,* so ist daraus zu entnehmen, dass die *leges deducendae coloniae* eine feste Mult gegen diejenigen enthielten, die sich weigerten, an einer latinischen Kolonie teilzunehmen (Huschke S. 257 mit Anm. 25). Wenn an jener Stelle dann Cicero seinen Zuhörern ausmalt, das Exil sei keine Strafe für Verbrechen *(itaque nulla in lege nostra reperietur, ut apud ceteras civitates, maleficium ullum exilio esse multatum)* und die ganze Auseinandersetzung darin sich gipfeln lässt, dass einem Exilirten das Bürgerrecht überhaupt nicht genommen werden könne, so ist das „eine für die Corona bestimmte Advokatendiatribe" (Mommsen, St. R. III, 1 S. 361 Anm. 1); denn „rechtlich stand nichts im Wege den Bürger sogar zum Sklaven zu machen" (Mommsen a. a. O.) Ueber diese Stelle vgl. auch Laner l.² S. 207.

Als ich S. 13 Anm 2 schrieb, meinte ich irrtümlich, Leyerbacher wolle für *multa* hier eine freiere Bedeutung annehmen, während er sie bloss für *multare* behauptet und das mit Recht. Denn mit der Beschränkung der *multae irrogationes* in der republikanischen Periode werden die Begriffe von *multa* und *poena* immer mehr ausgeglichen, so dass schon bei Cicero *multa* und *multare* mehrfach für *poenae* vorkommen. Belege s. bei Huschke S. 284 Anm. 105.

Gottheit werden erkannt haben und dass auch die letztern in irgend einer Weise von Gemeinde wegen beigetrieben worden sein müssen.¹

Wenn nun auch der direkte Beweis für den kapitalen Charakter der Mult nicht erbracht werden kann, so dürfte derselbe doch indirekt aus der Nebeneinanderstellung von Multa und Perduellion sich ergeben haben. Nun aber wissen wir, dass die Perduellion beruht auf der Erklärung des *deo sacrum esse* (Huschke S. 241), dass aber, wie jede andere Kapitalstrafe, namentlich das *sacrum esse* sich auch auf das Vermögen erstreckt. Allerdings wird die *publicatio bonorum* als selbstverständlich von den Schriftstellern vielfach nicht erwähnt; doch darf das keinen Grund dafür abgeben, sie geradezu zu leugnen.² Der schlagendste Beweis dafür, dass diese *multa* "nur eine erzwungene Abfindung für das *deo sacrum esse* der Perduellion ist", liegt darin, dass die Gelder dieser *multa* nicht wie die der magistratischen ins Aerar flossen, sondern "heiliges Geld" waren (Huschke S. 246 ff.). Die Verurteilung, wenn auch nicht schon die blosse Anklage, hei *multa irrogata* zog aber auch die Infamie nach sich. Den Nachweis hat Huschke S. 241 f., bes. Anm. 335 erbracht. Gerade unter diesem Gesichtspunkte wird die *multa irrogata* als eine kapitale Strafe bezeichnet, und hierin beruht auch ein Hauptunterschied derselben von der *multa dicta*, welche ebensowenig infamirte (Huschke S. 134) als die auf Gesetz beruhende Multa (Huschke S. 271 f.).

So erübrigt nur noch zu zeigen, dass und in wiefern die Multa habe zu Exil führen können. Der einzige Fall, wo der Multirte sich weigerte die Busse zu bezahlen, ist derjenige des Camillus. Unter der Anklage, einen Teil der Beute von Veji unterschlagen zu haben, wurde er vor Gericht gestellt. Wegen Familientrauer erschien er nicht (*Liv*. 5, 32, 8). Die Anerbietungen seiner Freunde und Tribusgenossen, die Geldstrafe für ihn zu erlegen, verschmähte er und ging ins Exil. Diese freiwillige Entfernung aber wurde durch Volksbeschluss als gesetzlich erklärt; denn dass dieses *exilium iustum* war, beweist die durch *Cic. de dom.* § 86 bezeugte feierliche Restitution (Zumpt I, 2 S. 308 Anm. d). Jedoch ist nach der Darstellung des *Livius* (5, 32, 7—9) ganz klar, dass diese Entfernung nicht eine Folge der Mult war, sondern eine Folge des Unwillens über den Undank seiner Mitbürger. Hierin bin ich mit Schneider S. 30 einverstanden.

Ist demnach dieser Fall für nachträglich beschlossenes *iustum exilium* nicht massgebend, so sind uns doch zwei Fälle überliefert, wo ein Zweifel nicht bestehen kann, dass die Volksversammlung bei solchen, die freiwillig ins Exil gegangen waren, um sich der Verurteilung zu entziehen (Polyb. 6, 14, 7), beschliesst, sie seien von Rechtswegen im Exil, also nicht mehr römische Bürger.³ Der erste Fall betrifft den *publicanus* M. Postumius

---

¹ Mommsen, St. R. I S. 118. Die Richtigkeit der Annahme von Schneider S. 30, dass der Multschuldner wie jeder andere Schuldner des Fiskus in die Schuldbücher der Quästoren eingetragen worden sei, ist möglich, aber nicht zu beweisen. Dass jedoch der Multschuldner auch mit *pignoris capio* habe verfolgt werden können, darf nicht zugegeben werden. Gerade darin unterscheidet sich die *pignoris capio* von der Multirung, "dass sie weder in die Judikation anftritt noch zur Provokation führt" (Mommsen, St. R. I S. 160). So lange das *pignus caedere*, das Zerschlagen oder Zerstören des Pfandes, vorkam, und das scheint während der ganzen Zeit der Republik der Fall gewesen zu sein, kann "das Pfand, bezw. dessen Wert nicht wol in die nach der Pfändung verhängte Mult eingerechnet gewesen sein" (Karlowa, Röm. Rechtsgesch. I S. 167). Es steht die *pignoris capio* als eigentliche magistratische Koerzition mehr für sich da und zielt nicht auf die Schmälerung des Vermögens ab.

² Vgl. die klaren Nachweise bei Huschke S. 242 Anm. 328.

³ Lange II S. 700. Wahrscheinlich ist das auch für den Fall des Coriolan, wenigstens wenn man die Darstellung von Huschke S. 160 Anm. 46 adoptirt. Ein anderer Fall, wo vielleicht *iustum exilium* beschlossen wurde, steht bei Huschke S. 167 Anm. 67.

Pyrgensis (212 v. Chr.), wo auf Antrag der Tribunen Sp. und L. Carvilius die Plebs beschliesst (Liv. 25, 4): *si M. Postumius ante Kal. Mai. non prodisset citatusque eo die non respondisset neque excusatus esset, videri eum in exilio esse; bonaque eius venire, ipsi aqua et igni placere interdici.* Der zweite Fall betrifft den oben S. 70 genannten Cn. Fulvius und gehört dem folgenden Jahre, 211 v. Chr., an. Er entzog sich der Verurteilung durch die Flucht nach Tarquinii;[1] da beschloss die Plebs *id ei iustum exilium esse* (LANGE, II S. 177 und S. 556). Ich glaube mit LANGE, dass das letztere Verfahren das normale gewesen sei, dass die *soli mutatio* rechtlich anerkannt wurde, dass also nicht die *aquae et ignis interdictio* ausdrücklich beschlossen werden musste, wie bei Postumius. Es galt wol das Exil *eo ipso* als *iustum* und war demnach ein diesbezügliches Plebiscit nicht nötig.[2]

III.
Die Auspizien der Volkstribunen.

Um vor den Centuriatkomitien Anklage wegen Perduellion zu erheben, musste sich der Volkstribun den Tag zur Anklage von dem zur Berufung der Centuriatkomitien berechtigten patrizischen Magistraten erbitten.[3] Ob der Tribun dann das Recht gehabt habe, die Centuriatkomitien selber zu leiten, muss deswegen zweifelhaft erscheinen, weil die Volkstribunen der Auspizien ermangeln. SCHNEIDER S. 42 hat zwar im Anschluss an KARLOWA (Röm. Rechtsgesch. I. S. 227) den Tribunen das *ius auspiciorum* zuerkannt für das Ende des 7. Jahrhunderts, seit die Plebiscite für den ganzen Populus verbindlich waren. Sehr bestimmt gegen diese Annahme hat sich MOMMSEN (St. R. II, 1 S. 282 ff.) ausgesprochen und zwar sind seine Sätze ganz deutlich gegen die Behauptungen KARLOWAS gerichtet. Ich hatte zunächst für den vorliegenden Anhang diese Kontroverse geprüft und gefunden, dass das Recht auf Seiten MOMMSENS ist. Jedoch lasse ich diese Erörterungen hier bei

---

[1] Für die Geldstrafe vergl. *Liv.* 25, 20, 21; für die Verurteilung *Liv.* 26, 2—4 und *Val. Max.* 2, 8, 3.
[2] Vgl. HESCHKE S. 237 mit Anm. 306, der nachweist, dass es frühzeitig Rechtens war „diese Selbstverurteilung zur Kapitalstrafe durch den Volksbeschluss *id iustum ei exilium esse et bona eius venire* zu legalisiren und durch die demselben angehängte Klausel, dass die Magistrate ihm Obdach, Feuer und Wasser interdiciren sollten, die Strafe zu einer immerwährenden zu machen, indem ihm dadurch das Postliminium für immer abgeschnitten wurde."
Die *rogatio* des Clodius gegen Cicero gehört, wie LANGE II. S. 700 f. auseinandersetzt, streng genommen nicht hieher als *privilegium*. Vergl. auch HUSCHKE S. 283 Anm. 103.
So finden wir denn auch bei MOMMSEN durchweg die Annahme, dass Multa zu Exil habe führen können. Vergl. bes. St. R. II, 1 S. 493 Nr. 5 Anm. 3, wo er den aedilicischen Multprozess bei *stuprum* der Frauen behandelt. Im Jahre 295 v. Chr.: *Q. Fabius Gurges consulis filius aliquot matronas ad populum stupri damnatas pecunia multavit* (*Liv.* 10, 31, 9. Gurges war, weil Patrizier, kurulischer Aedile). Zum Jahre 213 v. Chr. sagt *Liv.* 25, 2, 9: *L. Villius Tappulus et M. Fundanius aediles plebei aliquot matronas apud populum probri accusarunt, quasdam ex eis damnatas in exilium miserunt.* Dazu bemerkt MOMMSEN: „Es schliesst dies nicht aus, dass der Prozess auf eine Mult gieng."
[3] Vgl. *Liv.* 26, 3, 9: *tum Sempronius perduellionis se iudicare Cn. Fulvio dixit, diemque comitiis ab C. Calpurnio praetore urbis petiit*; *Liv.* 43, 16, 11: *et utrique censori perduellionem se iudicare pronuntiavit, diemque comitiis a C. Sulpicio praetore urbano petiit*; *Gell.* 6 (7), 9, 9. Vergl. KARLOWA I S. 389 Anm. 3; MOMMSEN, St. R. I S. 195 Anm. 4 und HUSCHKE S. 190 ff.

Seite, da sie nur einen theoretischen Wert besitzen und die praktische Frage, ob ein Volkstribun Centuriatkomitien habe leiten können, doch nicht entscheiden.

Ich habe nämlich übersehen, worauf ich erst unmittelbar vor der Drucklegung dieses Abschnittes aufmerksam geworden bin, dass nach *Liv.* 43, 16, 16 dem Volkstribunen die Leitung der Centuriatkomitien bei Kapitalanklagen wird zuerkannt werden müssen und zwar schon für das Jahr 169 vor Chr. Nachdem nämlich von den Censoren C. Claudius und Ti. Gracchus, die der Tribun wegen *perduellio* angeklagt hatte, der erstere freigesprochen worden war, ist es der Tribun selber, welcher darauf verzichtet, die zur Abstimmung versammelten Centurien auch noch über Ti. Gracchus abstimmen zu lassen: *absoluto Claudio tribunus plebis negavit se Gracchum morari* (MOMMSEN, St. R. I S. 196 Anm. 1). Wenn aber der Tribun solche Komitien leiten kann, mussten vorher Auspizien eingeholt werden. „Da die Tribunen die Centurien nicht selber beriefen, sondern für sie der Practor, so kann hier eine Leihe der Auspizien stattgefunden haben, ähnlich wie sie bei den quaestorischen Kapitalkomitien vorzukommen scheint" (MOMMSEN, St. R. II, I S. 283 Anm. 6.).

Selbstverständlich bedürfen nun meine Auseinandersetzungen über Labienus als Vorsitzenden (oben S. 19 unter 6 und S. 52) insofern der Modifikation, als der Vorsitz des Labienus nur zunächst, aber nicht ausschliesslich, auf Tributkomitien schliessen lässt.

IV.

Ueber den von NIEBUHR aufgefundenen Schluss von Ciceros Rede für Rabirius.

Dass in der Rabiriana die Erwähnung des *ager Campanus* in § 32 recht auffällig sei, habe ich schon beiläufig (S. 46 Anm. 1) gesagt und habe dabei auf die wahrscheinlich richtige Erklärung von PUTSCHE hingewiesen.

Nun aber stellt JOH. SCHMIDT, Zeitschr. f. oesterr. Gymn. Bd. XXXIX. (1888) S. 211 f. die Ansicht auf, dass §§ 32—34 überhaupt gar nicht zu dieser Rede gehören, sondern sich den Verhandlungen über das Agrargesetz des Volkstribunen P. Servilius Rullus anschlössen. Er verweist auf *Cic. de leg. agr.* I. § 18—22, II § 76—96 und III § 15—16 und vergleicht besonders:

de leg. agr. I, 26	*pro Rab.* § 33
nullum externum periculum est, non rex, non gens ulla, non natio pertimescenda est, inclusum malum, intestinum ac domesticum est.	*nullus est reliquus* [1] *rex, nulla gens, nulla natio, quam pertimescatis; nullum adventicium, nullum extraneum malum est, quod insinuare in hanc rem publicam possit.*

Trotz der grossen Aehnlichkeit der beiden Stellen darf man aber nicht schliessen,

---

[1] Mit Unrecht verdächtigt LANDGRAF an der unten zu erwähnenden Stelle *reliquus*: vielleicht sei *externus* dafür zu setzen. Denn einerseits ist die Aenderung palãographisch sehr unwahrscheinlich, andererseits ist der Gegensatz zwischen dem innern und äussern Feind zur Genüge hervorgehoben. Das *externum periculum (de leg. agr.* I, 26) ist zergliedert in *rex, gens, natio*, die selber keine Attribute haben, und zwar übereinstimmend mit den Parallelstellen aus der Rabiriana und der zweiten catilinarischen Rede.

dass sie der nämlichen Rede angehören müssen. Wenn vielmehr Cicero in der Rabiriana auf den Gesetzesvorschlag des Rullus zu sprechen kam, ist es ganz natürlich, wenn er in ähnlichen Ausdrücken von dem *inclusum malum, intestinum ac domesticum* sprach, wie wenige Monate vorher in seinen Reden über den Vorschlag des Rullus. Jedermann wusste, dass er damit den gefährlichen Feind Caesar meinte. So argumentirt gegen SCHMIDT auch LANDGRAF,[1] der noch auf eine dritte Stelle hinweist, in der Cicero ganz gleich gegenüber Catilina sich auslässt, *in Cat.* II § 11: *nulla est enim natio, quam pertimescamus, nullus rex, qui bellum populo Romano facere possit. Omnia sunt externa unius virtute terra marique pacata; domesticum bellum manet, intus insidiae sunt, intus inclusum periculum est, intus est hostis.*

Der Gegensatz zwischen der beseitigten äusseren Gefahr und der von innen heraus stets zu befürchtenden Revolution ist ein durch die Verhältnisse gegebener. Es gibt uns aber die Zusammenstellung jener drei Partien einen interessanten Einblick in die Arbeitsweise Ciceros. Wenn man noch die Stelle aus der Rede *pro Sest.* § 51: *nam externa bella regum, gentium, nationum iam pridem ita extincta sunt, ut praeclare cum iis agamus, quos pacatos esse patiamur. Domesticis malis et audacium civium consiliis saepe est resistendum eorumque periculorum est in re publica retinenda medicina* dazu nimmt, so sieht man, wie gerade die Reihenfolge *rex, gens, natio* zu den Schlagwörtern der politischen Rhetorik Ciceros gehört.

Ein Blick in die *editio princeps* von NIEBUHR, deren Vorzüglichkeit sich auch hier bewährt, hätte übrigens SCHMIDT hindern können, jene Paragraphen der Rabiriana abzusprechen, denn NIEBUHR sagt S. 77 ausdrücklich, dass er den Text, weil der Palimpsest am Rande verletzt sei, hergestellt habe nach den beiden Stellen *adv. Rull.* II. c. 9 und *in Cat.* II c. 5.[2]

Wenn dann schliesslich SCHMIDT noch gar das ganze Fragment als nichtciceronianisch verdächtigen will, weil *extraneus* sich nach MEROUET sonst in den Reden Ciceros nicht finde, sondern nach NIZOLIUS bloss in der Schrift *ad Herennium* und in der von Cornificius stark beeinflussten Schrift *de inventione*,[3] so verlangt solche Hyperkritik kaum eine Widerlegung. An aussergewöhnlichen Ausdrücken ist, wenn man sich auf MEROUET verlassen darf, die Rabiriana auch sonst nicht arm. Aus gleichem Grunde könnte man z. B. § 37 verdächtigen, weil *legitimum funus* und *domestica mors* ganz singulär sind, oder § 1, weil *defensio capitis* eine Parallele bloss an *defensor capitis* (pro *Mil.* § 81) hat.

Dass die Schlussparagraphen 35—38 der Rede für Rabirius angehören müssen, bedarf keines Beweises. Der Hinweis darauf, dass darin T. Labienus und L. Saturninus erwähnt sind, genügt völlig. Gerade weil diese Paragraphen zur Rede für Rabirius gehören, wäre es doch höchst sonderbar, wenn die vorausgehende Partie einer andern Rede entnommen wäre.

---

[1] Burnians Jahresber. Bd. LIX (1890) S. 198 f. Uebrigens hat auch schon SCHRIBER Anm. 81 S. 49 seine Bedenken geäussert gegenüber den Aufstellungen von SCHMIDT.

[2] *Habebam autem ante oculos, quae prorsus similia Cicero ante paucos menses dixerat in senatu, tribunos compellans, quumque post Catilinae discessum in contione memorant.*

[3] In den Parallelstellen steht: *de leg. agr.* I, 26 *externum periculum*; *de leg. agr.* II, 9 *pacem externam*; *de leg. agr.* II, 90 *domesticis externisque bellis.*

Beilage zu Anhang II:
Uebersicht über die dem Betrage nach bezeugten Multen.

Betrag der Mult in Assen	Jahr vor Chr.	Quellenstellen	Bemerkungen
2,000	476	Liv. 2, 52. Dionys. 9, 27.	Aelteste und zugleich kleinste bekannte Mult. Vgl. oben S. 69 f.
10,000	¹) 454	Liv. 3, 31. Dionys. 10, 48 und 49.	Vgl Zumpt, Kriminalrecht I, 1 S. 278 f.
	²) 423		
	³) 401	Liv. 4, 41.	NB. Für die Verurteilung des C. Licinius Stolo zu 10,000 Assen wegen seines eigenen Ackergesetzes (Liv. 7, 16. Val. Max. 8, 6, 2. Plin. n. h. 18, 17. Plut. Cam. 19. Dionys. 14, 21.) lässt sich das Multverfahren nicht erweisen; die Anführung bei Zumpt I, 2 S. 309 ist also unrichtig.
	⁴) 393	Liv. 5, 11 und 12.	
		Liv. 5, 29.	
15,000	¹) 454	Liv. 3, 31. Dionys. 10, 48 und 49.	Vgl Zumpt I, 1 S. 278 f.
	²) 420	Liv. 4, 44.	Heumann gibt unrichtig d. J. 422 an; allerdings wurde in diesem Jahr die Klage angehoben, dann aber fallen gelassen; zum Austrag kam der Prozess erst 420. Vgl. Zumpt I, 2 S. 306 f.
	³) 391	Liv. 5, 32. Val. Max. 5, 3, 2. Zonar. 7, 22.	Gegen Camillus wegen der Beute von Veji. Vgl. Zumpt I, 2 S. 308 f.
25,000	246	Gell. 10, 6. Val. Max. 8, 1, 4. Polyb. 1, 52.	Gegen die Claudia. Vgl. Zumpt I, 2 S. 311. Vgl. auch oben S. 71.
100,000	189	Liv. 37, 57 u. 58.	Gegen M'. Acilius Glabrio, den Besieger des Antiochus, wegen Unterschlagung der Beute. [Itracnuk S. 213 hat unrichtig a. u. 555 statt 565].
120,000	248	Schol. Bob. ad Cic. orat. in Clod. et Cur. p 337 Or. Val. Max. 8, 1, 4. Polyb. 1, 52.	Gegen P. Claudius Pulcher. Vgl. Zumpt I, 2 S. 311. Schneider S. 31 und meine Ausführungen oben S. 54 Anm. 3 und S. 70.
200,000	¹) 212	Liv. 25, 3 u. 4.	Die Mult gegen den gewesenen publicanus M. Postumius Pyrgensis konnte vom Volk nicht beschlossen werden, da im 4. Termin die übrigen publicani die Ordnung so sehr störten, dass die Tribunen die Komitien entlassen mussten. Vgl. Zumpt I, 2 S. 313.
	²) 183	Plutarch. Cat. mai. 19.	Vgl. Zumpt I, 2 S. 315. M. Porcius Cato wurde nach seiner Censur von einigen Volkstribunen auf 200,000 Asse angeklagt; freilich ohne Erfolg.*
500,000	¹)	Appian. de b. c. 1, 29.	Gesetzliche Mult für Senatoren nach der lex Appulleia.
	²)ca.290	Dionys. 16, 18. Liv. per. lib. 11.	Freie Strafe gegen L. Postumius Megellus, da er die Soldaten zu Feldarbeiten auf seinen Ländereien verwendet hatte.**
	³) 368	Liv. 6, 38. Plutarch. Cam. 39.	Dem Camillus, als er zum vierten Mal Diktator war, angedroht, falls er etwas zum Nachteil der Plebs täte. Liv. und Plut. schöpfen aus verschiedenen Quellen. Vgl. Zumpt I, 2 S. 308 f.***
1,000,000	170	Liv. 43, 8.	Dem C. Lucretius, der als Praetor die Chalcidenser bedrückt hatte, von allen 35 Tribus irrogirt. Grösste und zugleich jüngste dem Betrag nach uns bekannte Mult. Vgl. dazu Mommsen, St. R. II, 1 S. 322 Anm. 3.****

NB. Diese Zusammenstellung dürfte nicht ganz überflüssig sein, da die früheren Verzeichnisse mangelhaft sind (vgl. die Klage von Hvscuke S. 209 Anm. 181) und auch bei Hvscuke S. 212 f. einige kleinere Irrtümer sich eingeschlichen haben. Die tabellarische Zusammenstellung hat zudem den Vorzug der Uebersichtlichkeit.

* Plutarch a. a. O. gibt 2 Talente als Mult an. Hvscuke S. 213 Anm. 215 setzt diese „nach der Ausdrucksweise der griechischen Schriftsteller über römische Verhältnisse" 50,000 Sesterzen oder 200,000 Assen gleich. Auf welchen Sprachgebrauch hiebei Hvscuke sich stützt, vermag ich nicht anzugeben. Offenbar liegt bei Plutarch das „attisch-römische Rechnungstalent" (Hvltscu, Metrologie² S. 205 und 252) vor, das entstand durch Gleichsetzung von Denar und Drachme. Demnach ist ein Talent = 6,000 Denare = 24,000 Sesterze = 96,000 Asse. Während also Hvscuke die Summe abgerundet zu haben scheint, begieng Zvupt 1, 2 S. 315 den Fehler, den Sestera zu 2½ Assen zu rechnen, während seit 217 vor Chr. der Denar = 16 römische Asse war. Die Berechnung von Zvupt: 2 Talente = 120,000 Asse wäre richtig für die Zeit vor 217 vor Chr. Vgl. die Stelle aus Zonaras in der folgenden Anm. Mouxsex, St. R. II L. S. 322 Anm. 4 setzt doch wol irrtümlich die 2 Talente zu 50,000 Assen an.

** Die 50,000 in Silber bei Dionys, 16, 13 fasst Hvscuke S. 213 Anm. 216 wol richtig als Denare oder Drachmen. Vgl. Zonar. 7, 22 über die Bestrafung des Camillus: ἀργύρην ἅ' ἰδλω, καὶ ψῆφος ἠνέχθη, κατ' αὐτοῦ τίμημα μυρίων καὶ πεντακισχιλίων ἀσσαρίων ἔχουσα, ἃ γίγνεται πρὸς ἀργυρίου λόγον δραχμαὶ χίλιαι πεντακόσιαι. — Unrichtig gibt Zvupt 1, 2 S. 311 die Mult zu 200,000 Assen an: offenbar hat er die 50,000 bei Dionysius nur in Sesterzae statt in Asse verwandelt.

*** Dass bei Appian. de reb. Ital. p. 32 (Schweighäuser) an den Worten ἐζημίωσε πεντήκοντα μυρίασιν nichts zu ändern ist, dagegen eine Verwechslung der dem Camillus vor seinem Exil irrogirten Mult mit der späteren Multandrohung vorliegt, ähnlich wie bei Dionys. exc. Mai. 13, 5, hat Hvscuke S. 213 Anm. 216 bemerkt.

**** Wir hören auch ferner noch von Multen; doch fehlen Angaben über die Höhe. Mit einer schweren Geldstrafe wurde z. B. 136 v. Chr. M. Aemilius Porcina belegt, weil er als Konsul (137 v. Chr.) in Spanien unglücklich gegen die Numantiner gekämpft hatte (so nach App. Hisp. 83; nach Val. Max. 8, 1, 7 und Velli. 2, 10 war der Klagegrund ein anderer; vgl. Zvupt 1, 2 S. 321 f.). Dann kommen lange keine Volksgerichte zur Verhängung von Multen mehr vor, da inzwischen das schwurgerichtliche Verfahren aufkam. Der letzte uns bekannte, aber deswegen nicht notwendig überhaupt letzte Fall, wo die Tribuskomitien über eine Mult abstimmten, ist der des M. Aemilius Scaurus, P. M. vom Jahre 104 v. Chr. Ascon. in Cic. pr. Scaur. p. 21 (Zvupt 1, 2 S. 322). Nach der Annahme von Hvscuke S. 243 Anm. 163 war die letzte tribunicische multae irrogatio die bei Plut. Lucull. 37 für das Jahr 66 v. Chr. bezeugte. Für andere unrichtigerweise hieher gezogene Fälle s. Hvscuke a. a. O. Vgl. auch S. 525 und oben S. 54 Anm. 3.